KB200230

얘들아, 아빠가 꼭 들려주고 싶은 이야기가 있단다

사랑하는 내 자녀에게 평생 새겨주고 싶은 하나님 아버지의 마음

애들아, 아빠가
꼭 들려주고 싶은
이야기가 있단다

글·그림 **이무현**

The Father Letters

규장

C. S. 루이스는 《스크루테이프의 편지》 후기에서, 자신은 악마의 입장이 되어 글을 썼으니 누군가가 천사장의 입장에서 쓰는 편지를 남기면 좋을 것 같다는 기대를 남겼습니다. 그 후기를 읽고 저는 큰 도전을 받았지만, 제게는 천사장과 같은 마음으로 편지를 쓸 자격이 없다는 걸 금방 깨달았죠. 게다가 전 옥스퍼드대 교수도 아니니까요.

그런데 '그럼 내게 무슨 자격이 있을까?' 생각해보니, 제게도 자격이란 것이 하나 있었습니다. 바로 '아빠'였습니다. 누구도 부인할 수 없는 '아빠'란 자격에 힘입어 조심스러우나 당당하게 아들과 딸을 향한 편지를 남기기로 했습니다.

A. W. 토저는 "모든 그리스도인은 신학자가 되어야 한다"라고 말했습니다. 저는 이 말에 전적으로 동의하지만, 그게 쉬운 말은 아니라는 것을 알고 있습니다. 하지만 적어도 그리스도인인 아빠와 엄마는 모두 신학자와 같은 자세로 하나님의 말씀을 사랑하고, 연구하고, 서로 나누며 살아가야만 한다고 저는 외치고 싶습니다.

부모가 하나님의 말씀을 온전히 알고, 교리적으로도 바른 분별력으로 아이들에게 영적 양식을 공급해줄 수 있어야만 우리의 다음 세대가 흔들리지 않고 승리로 나아갈 수 있기 때문입니다. 교회학교만으로는 결코 충분할 수 없습니다.

산후조리사가 아니라 산모가 건강해야 아이가 건강할 수 있듯이, 다른 사람 아닌 부모가 승리를 맛보며 살아야 자녀들이 그 길을 이어받

아 달콤한 승리를 맛보며 살아갈 수 있습니다. 자녀의 영적 문제들을 제대로 돌보지 않고 그들이 살아갈 이 땅을 별문제 없는 것처럼 가볍게 생각하는 것은 마치 의사가 환자의 상태를 제대로 살피지도 않고 "이 병원에서는 치료할 능력이 없으니 다른 병원으로 가십시오"라고 말하는 것과도 같습니다. 눈앞의 그 환자가 내 아들, 딸인데도 말입니다.

사실 '아빠의 편지'는 어느덧 부모 말을 잘 듣지 않으려는 저희 아이들을 보며 '조만간 내 말이 닿지 않을 때가 오겠구나' 싶은 마음에 시작된 글입니다. 하지만 '언젠가는 이 아빠의 마음을 다 이해할 수 있을 때가 오겠지' 하는 확신을 품고 적은 편지이기도 하지요.

하나님께서도 우리가 그분의 뜻을 온전히 알게 되기를 바라고, 확신하시며 편지를 남기셨습니다. 성경. 그 66권의 편지를 우릴 믿고 적어 주신 하나님께 감사와 영광을 돌립니다.

더불어 이 세상에 수많은 '아빠의 편지'(엄마의 편지도…^^)가 생겨나길 바랍니다. 강력한 믿음의 유산을 전해줄 수 있는 아빠와 엄마가 이 땅 위에 가득해질 때, 어둠은 점점 그 이빨을 잃어가며, 서 있기도 힘들 정도로 후들후들 다리를 떨게 될 것을 확신합니다.

그림책아저씨

이무현

차례

PART 1
너희는 하나님의 아들딸이야

PART 4
평생을 주님 손 잡고 함께 걸어가자꾸나

PART 5
겁내지 마, 이기고 시작하는 싸움이니까

너희가 내게 부르짖으며 내게와서 기도하면
내가 너희들의 기도를 들을것이요

렘 29 : 12

너희는
하나님의
아들딸이야

The Father Letters

우리는 진흙이요 주는 토기장이시니
우리는 다 주의 손으로 지으신 것이니이다
사 64:8

너희는 토기장이의 영광을 담는 그릇이란다

너희를 보면 하나님의 손길을 느끼지 않을 수 없단다.
이건 누구에게 객관적으로 표현하거나 설득할 수 없지.
어떤 작품이든 지은 자의 손길이 듬뿍 묻어있는 건
당연한 일이야.
이사야는 "우리는 진흙이요 주는 토기장이시니 우리는
다 주의 손으로 지으신 것이니이다"(사 64:8)라고 기도했어.
정말 멋진 표현이지 않니?
아빠는 이 말이 '우리가 주의 작품이니까 최고야!'라는
뜻인 줄 알았는데 자세히 읽어보니 '토기'보다는
'토기장이의 권한'에 더 초점을 둔 말이더구나.

바울은 "토기장이가 진흙 한 덩이로 하나는 귀히 쓸 그릇을,
하나는 천히 쓸 그릇을 만들 권한이 없느냐"(롬 9:21)라며
주님의 뜻이 더욱 중요한 부분임을 말했지.
우리가 하나님께 "날 이렇게 만든 이유가 대체 뭡니까?"라고
따지는 것은 말도 안 되는 일이란다.
어떤 상황에서든 하나님의 권한을 인정하는
사람이 되길 바란다.

너희는 토기장이가 만든 그릇이야.

토기장이의 영광을 담아 전하는 그릇이지.

다만 우리가 할 일은 언제 어느 때든 그분이 바로 쓰실 수 있도록 자신을 깨끗하게 해두는 것뿐이란다.

이 세상엔 금그릇, 은그릇, 놋그릇, 질그릇 등 여러 종류의 그릇이 있지만 확실한 것은 언제나 깨끗한 그릇만이 사용된다는 거야.

너희가 담아낼 그분의 영광이 어떤 빛깔일지 정말 궁금하구나.

언제나 그 찬란함에 합당하도록 깨끗하고 정결한 그릇이 되길 기도한다.

반짝이는 그릇들의 아빠가

참포도나무에 온전히 붙어있어라

나는 참포도나무요 내 아버지는 농부라 요 15:1

하나님은 이 땅이라는 과수원을 만들고 자비로 돌보고 계신
단다. 그분은 참포도나무를 심으셨어. 바로 예수 그리스도시
지. 그리고 그 포도나무의 가지가 바로 우리란다.

과수원 주인이 좋은 과실을 많이 얻으려고 가지치기하는 것
을 보며 "냉혈한이군!" 하고 비난할 사람은 없단다.
그런 의미에서 우리가 좋은 열매를 맺기를 힘써야 함은
매우 당연한 일이지.
다행히도 그 방법은 어렵지 않단다.
그냥 참포도나무인 예수님 안에 온전히 거하는 것뿐.
이토록 쉽지만 때로 어떤 가지들은 땅바닥으로 도망쳐
혼자 뿌리 내리려고도 하고, 다른 나무에 가 접붙여지려고
노력하기도 한단다.
그냥 이유 없는 반항이라고밖엔 설명 못 하겠구나.
사실 예수님 안에서 온전한 양분과 기쁨을 얻지 못해서 일어
나는 일이지. 너희는 부디 그런 일을 겪지 않길 기도한다.

> 너희가 내 안에 거하고 내 말이 너희 안에 거하면 무엇이든지 원
> 하는 대로 구하라 그리하면 이루리라 요 15:7

온전히 참포도나무에 붙어있으면,
그러니까 우리가 '그리스도 안에 거하고 있을 때'에는
우리 기도는 강한 효력을 발휘한단다.
하나님의 마음을 잘 알 수 있어서 그의 나라와 의를
구하는 기도(마 6:33)가 쉬워지거든.

너희가 이 모든 걸 누리며 맺게 될 과실을 통해
하나님은 기뻐하시고 영광을 받으실 거란다.

> 너희가 열매를 많이 맺으면 내 아버지께서 영광을 받으실 것이
> 요 너희는 내 제자가 되리라 요 15:8

너무나 가슴 벅찬 이야기여서 땅바닥을 뒹굴다 불살라지는
버려진 가지 얘기는 적고 싶지도 않구나.

> 사람이 내 안에 거하지 아니하면 가지처럼 밖에 버려져 마르나
> 니 사람들이 그것을 모아다가 불에 던져 사르느니라 요 15:6

열매를 많이 맺고 싶은 아빠가 🖋

나는 포도나무요 너희는 가지라

요 15:5

The Father Letters

주님의 진리와 사랑이 가득 적힌 편지

성경은 하나님이 우리에게 주신 편지,
그리고 너희는 세상에 전해지는 그리스도의 편지란다.

> 너희는 우리로 말미암아 나타난 그리스도의 편지니 이는 먹으
> 로 쓴 것이 아니요 오직 살아 계신 하나님의 영으로 쓴 것이며
> 또 돌판에 쓴 것이 아니요 오직 육의 마음판에 쓴 것이라 고후 3:3

고대엔 하나님의 계명을 돌에 새기곤 했단다. 그렇게 새긴
것은 지워지지 않지. 그와 같이 마음에 새긴 것도 지워지지
않는단다. 너희 마음에 하나님은 성령님을 통해 지금도
글을 써가고 계셔. 이미 우리 모두에게 주신 성경의 편지글들.
그 진리가 우리의 삶 내내 마음판에 새겨지는 거야.
어디를 가든 사람들은 너희를 보고 하나님의 메시지를 읽을
수 있고, 그분의 사랑을 느낄 수 있을 거란다.
아빠가 매일 너희를 통해 그 사랑을 깨닫는 것처럼.
커다란 마음판을 갖게 되길 기도한다. 주님의 사랑이 풍성히
적힌 편지가 되어 이 세상 곳곳을 훨훨 날아다니렴.

손글씨로 편지 쓰는 게 즐거운 아빠가

18

너희는 우리로 말미암아 나타난
그리스도의 편지니

고후3:3

내가평안히눕고자기도하리니
나를안전히살게하시는이는
오직여호와이시니이다
시4:8

염려로 잠 못 들던 밤에

아빠는 종종 생각할 게 많아 잠을 못 이룰 때가 있는데
가시떨기(염려와 걱정)가 많은 밭엔 말씀이 자라나지 못한다고
한 것처럼, 잠 또한 가시떨기로 인해 이룰 수 없는 것 같구나.
아빠뿐 아니란다. 이 세상의 많은 이들이 잠 못 이룰 고민으로
밤을 지새우곤 하지.
이럴 땐 '내가 평안히 눕고자 기도하리니'가 되는 것 같아.
잠을 자고 싶어서 기도해야 하다니.
부디 너희는 쉽게 숙면을 취할 수 있기를 바란다.
나이가 들어도 말이야.

내가 평안히 눕고 자기도 하리니 나를 안전히 살게 하시는 이는
오직 여호와이시니이다 시 4:8

이 말씀처럼 우리가 잠을 잘 수 있도록 평안함을 주시는 분
은 오직 여호와 하나님이시지.
띄어쓰기 하나로 간단하게 의미가 바뀌는 것처럼. 우리에게
잠을 주시는 분도, 안전하게 눕게 하시는 이도 하나님이신
것을 고백한다면 한결 평안한 가운데 잘 수 있을 거야.

잠을 이루기 전에 꼭 기도하며 모든 권세가 주님께
있음을 입술로 고백하는 아들과 딸이 되길 기도한다.
가끔 아빠는 잠을 못 이루다가도, 자고 있는 너희를
보고 손을 만지며 기도하면 잠이 온다.
너희를 보면 하나님의 능력을 인정할 수밖에 없거든.

From 사랑하는 아빠가

하나님이 달아주신 최고급 렌즈

지금은 모두 곤히 자고 있어 조용한 시간.
생각해보니 아빠가 온종일 제일 많이 듣는 말 중의 하나는
오빠나 동생이 뭔가 잘못했다며 와서 이르는 것이더구나.
한편으로는 수시로 엄마 아빠를 의지하는 너희들의 모습이
사랑스럽기도 하지만, 그보다 더 크게 와 닿는 것은 역시
서로 더 사랑하면 얼마나 좋을까 하는 생각이란다.

서로 사랑하는 것.
잠언 10장 12절에서는 "미움은 다툼을 일으켜도 사랑은
모든 허물을 가리느니라"라고 말했어. 잘 읽어보면 미움과
사랑 사이의 공통점은 어디에든 '허물'이 있다는 거야.
서로의 부족한 모습, 자기 맘에 들지 않는 모습을 보면서
누구는 미움으로 치우쳐질 수 있고, 누군가는 사랑으로
그 허물을 날려버릴 수 있다는 거구나.

그러게… 이 편지를 쓰면서 아빠도 처음 알았다.
어려운 얘기일 수 있지만, 아빠가 너희들 사진을 찍을 때가
생각난다. 보통은 배경이랑 너희들 모습이 다 잘 담기도록
찍는데 배경이 좋지 않으면 너희들이 웃고 있어도

예쁘지 않게 나올 때가 있어.

얼마 전 처음으로 학교 가는 딸의 첫 사진을 찍는다는 게

주차장에서 내려서 차들 문짝 사이에 놓고 웃어보라고 한 거야.

아… 후회된다. 게다가 역광이었지.

아빠에겐 싸지만 좋은 단렌즈가 하나 있는데 그걸로 너희를

사진에 담을 땐 배경을 흐리게 날려버릴 수 있어. 그러니까

너희에게만 딱 초점을 맞추고 배경은 흐리게 만드는 렌즈야.

주차장의 차들 문짝 사이여도 너희가 예쁘게 나온단다.

사랑이란 그런 단렌즈 같다는 생각이 드는구나.

상대가 어떤 허물에 싸여있어도 그것들이 아닌

상대방 자체만 아름답게 보이게 해주는 것과도 같지.

하나님은 우리 모두에게 최고급 렌즈를 달아주셨어.

하지만 살아가면서 잘 관리하지 못하면 흐려지거나

깨지거나 한단다. 그 사랑이란 렌즈가 늘 맑게 있을 수

있도록 기도해야 해. 사람뿐만이 아니야.

온 세상을 아름답게 볼 수 있게 해주는 사랑 렌즈를 소중히 하렴.

너희를 사랑하는 아빠가

P.S 얼른 이 글을 이해하고 서로 이르지 않는 날이 오기를….

사랑은모든허물을가리느니라

잠10:12

네가
나를
사랑하느냐

요 21 : 17

오르락내리락은 그네 탈 때만

이제는 너희 스스로 그네를 잘 타지만, 혼자 힘으로 흔들기 어려웠을 때는 아빠가 늘 밀어줬지. 어깨와 목의 통증으로 못 밀어줄 때는 참 미안했단다.
지금은 스스로 높이 올랐다 힘차게 내려갔다…
신나게 잘 타는 모습을 보며 아빠는 신기하단다.

성경에도 오르락내리락을 잘하던 분이 있단다.
바로 베드로야.
바다 위를 걷다가도 물에 풍덩 빠지고, 예수님께 반석이란 칭찬을 듣다가도 하나님의 일이 아니라 사람의 일을 생각한다고 혼나고, 열심히 기도하려는 듯 따라가다가도 피곤으로 잠자고, 예수님을 구주로 당당히 얘기했으나 세 번이나 부인하며 욕까지 했단다. 참 다채롭구나.

예수님이 십자가에 달려 죽으시고 3일 만에 부활하신 후에 그분은 고향에 돌아간 베드로를 찾아오셔서 "네가 나를 사랑하느냐?" 세 번을 물으시고는 믿는 양들의 목자가 되도록 사명을 주셨단다.

그 후 성령의 충만함으로 사도직을 감당한 베드로는
이전처럼 영적으로 오르락내리락하지 않게 되었지.
주님의 일을 하는 자는 성령의 거하심 속에서 좋아졌다
나빠졌다 하는 기복을 타지 않는단다.

오르락내리락은 그냥 그네 탈 때만 즐기는 것쯤으로 알려무나.
아빠는 너희가 한결같은 믿음과 행실로 살아갈 수 있기를
응원한다.

사랑하는 아빠가

큐티를 하거나 성경 만화 읽는 걸 좋아하는 너희를 보면
아빠는 기분이 좋단다. 참 다행이란 생각도 들고.

그렇지만 그게 끝은 아니란다. 우리가 교회나 공동체에서
배우고 듣는 것들은 기본적으로 예수님에 대한 것들이지.
예수님의 삶, 그분의 말씀, 그 배경이 되는 역사 등등 말야.
너희가 자라서 나중에 아무리 두꺼운 주석 성경과 성경 66권
강해 설교 전집을 다 읽는다 해도, 또 성경과 역사적 배경에
관한 강의를 모조리 찾아 공부한다고 해도, 그것은 예수님에
'대해서' 공부하는 것일 뿐, 예수님과 만나는 것은 아니야.

물론 예수님에 대해 공부하는 것은 하나님의 뜻과 성경을
이해하는 데 큰 도움이 되지만 그분과의 '만남'이 없다면
다 소용없는 일일 뿐이란다.
큐티를 하면서도 깊이 생각을 많이 하고, 성경을 읽으면서도
그 구절들을 통해 예수님 만나기를 간절히 기도하렴.

그러고 보니 예수님과의 '만남'은 뼈대와도 같구나.

내가 주께 대하여 귀로 듣기만 하였사오나
이제는 눈으로 주를 뵈옵나이다
욥42 : 5

뼈대 없이 점토를 쌓으면 조만간 무게를 못 이겨 무너지잖니.
반면, 뼈대가 탄탄하면 그 작품은 어떤 멋진 포즈를 취하게
만들어도 점토가 잘 달라붙어 있고, 무너지지 않지.
너희는 꼭 만남이라는 뼈대 위에 지식이라는 점토를 붙이길
바란다.

예수님을 만나는 걸 두려워하지 마라.
혹시 예수님을 만나고 잃을 게 있다면 분명 너희에게 좋지 않은
것들뿐일 테니까.

사랑하는 아빠가

유한과 무한의
교차점이
그리스도이시다

방지일 목사어록中

예수 그리스도가 골고다 언덕에서 달리신 십자가는 온 세상을
위한 것이란다. 그분이 십자가에서 흘리신 보혈은 우리
영혼을 죄에서 구해주셨고, 유대 땅으로부터 모든 나라를
어루만지시며 지금도 흐르고 있지.
예수님의 속죄로 인한 사랑을 누린 이들이 자기 십자가를 지고
그분께 돌아와 어디든지 따라가는 것, 그것이 십자가의 참된
모습이란다.

무한하고 영원하신 하나님의 은혜가
유한하고 지극히 티끌 같은 우리 위에 임하신 사건.

정말 놀랍고 멋지지 않니!

죄로 얼룩진 우리의 삶, 언제나 그 얼룩보다 한없이 크신
하나님의 은혜를 선포하는 것.
이것이 십자가의 길을 걷는 우리의 사명이란다.
그 길을 너희와 함께 걸을 수 있어 행복하구나.

사랑하는 아빠가

아빠가 왜 너희를 혼냈냐면

너희를 혼내야 할 땐 참 마음이 아프단다.
혼내는 걸 즐기는 부모가 어디 있겠니….
혼낼 때 혼내더라도 나쁜 일에서 돌아서길 바라는 마음이
부모의 마음이란다.
예레미야서 29장을 보면 부모와도 같은 하나님의 마음을
엿볼 수 있단다.

> 여호와의 말씀이니라 너희를 향한 나의 생각을 내가 아나니
> 평안이요 재앙이 아니니라 너희에게 미래와 희망을 주는 것이
> 니라 렘 29:11

하나님의 마음을 알겠니?
하나님은 자녀에게 평안을 주시기 위해 이스라엘에 포로
생활과도 같은 힘든 기간을 허락하시는 거란다.
참된 평안은 하나님 안에서만 누릴 수 있는데, 하나님과
동행하기 위해서는 '죄'를 던져버려야 하거든.
그래서 경고와 벌을 통해 우리가 '회개'하기를 원하시는 거야.

> 너희가 내게 부르짖으며 내게 와서 기도하면 내가 너희들의 기

너희가 내게 부르짖으며 내게와서 기도하면
내가 너희들의 기도를 들을것이요

렘 29:12

도를 들을 것이요 너희가 온 마음으로 나를 구하면 나를 찾을 것
이요 나를 만나리라 렘 29:12,13

우리가 부르짖으며 회개하면 하나님은 찾아와 들으시고,
우리와 만나주셔서 참 평안을 누리는 것이지.
성령님은 우리가 회개할 수 있도록 도와주셔.
그렇지만 도와주실 뿐이지. 대신 회개해주시지 않아.
나 자신이 온 힘을 다해 의지를 갖고 회개해야 하는 거란다.
어느 시대에나 그리스도인은 고통과 시련을 받을 때가
있었는데, 그럴 때마다 하나님은 온전한 회개를 구하신단다.

우리가 살아있을 동안 벌을 받을 수 있는 것을 감사하렴.
삶 이후에 받아야 할 벌이 남아있다는 건 정말 아찔한 일이
거든. 그리고 그 벌 뒤에 숨겨놓으신 하나님의 평안의 보물을
꼭 '회개'를 통해 쟁취하는 아들, 딸이 되길 바란다.
정말 사랑한다. 그래서 혼냈던 거야.

혼낼 일이 더 없길 바라는 아빠가

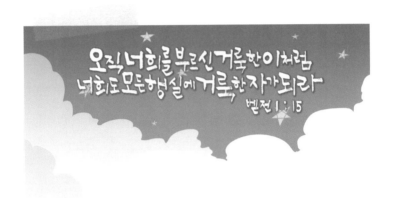

오직 너희를 부르신 거룩한 이처럼
너희도 모든 행실에 거룩한 자가 되라
벧전 1 : 15

HOLY

소확행보다 더 좋은 삶

하나님은 거룩한 분이시란다. 그분은 "내가 거룩하니 너희도
거룩할지어다"(레 11:45)라고 직접 말씀하셨지.
그럼 '거룩하지 못한 것은 어떤 것인가?'를 질문해봐야겠지.
간단한 예를 들면, "술 취하지 말라 이는 방탕한 것이니
오직 성령으로 충만함을 받으라"(엡 5:18) 같은 거야.
딱 봐도 술에 취한 삶과 성령으로 충만한 삶이 어떻게
서로 구별되는지 알 수 있지?

세상은 그런 분명한 구분선을 점점 모호하고 흐릿하게 하고,
"네 가까이 있는 확실해 보이는 행복을 붙잡아!"라고 말하지.
아빠는 너희가 '소소하고 확실한 행복'보다는
늘 '광대하고 스릴 있는 거룩의 삶'을 택하기를 바란다.
거룩함을 유지하려면 '성령으로 충만함'이 필요해.
지속적으로 훈련하는 운동선수같이 우린 그 성령 충만을 훈련
해야 한단다. 그럼 당연하고 분명하게 보일 거야.
무엇이 사탄을 닮아 더럽고, 무엇이 하나님을 닮아 거룩한지!

마음의 시력이 2.0 되길 바라는 아빠가

자유한 자와 고집쟁이의 차이

영국의 예술가 윌리엄 헌트는 요한계시록 3장 20절을 표현한
'The light of the world'(세상의 빛)라는 그림을 그렸단다.
예수님이 등을 들고 어느 집 문을 노크하고 계시는데 닫힌
그 문에는 손잡이가 없단다. 밖에서 예수님이 열 수 없고,
오직 집 안의 사람이 열 수 있음을 암시한다고 해.

하나님은 우리를 지으시고 스스로 선택할 수 있는 '자유의지'도
주셨단다. 그분은 우리의 선택을 소중히 생각하셔.
만일 우리가 자유의지 없는 피조물이라면, 그분의 뜻에 따라
찬양은 하겠지만 로봇과도 같은 모습이었을 거야.
자유의지에 따른 '선택'과 '의지'가 있기에 하나님을 향한
우리의 사랑은 더욱 가치 있고 빛나는 거란다.
예수님이 마음을 두드리는 것 같은 때가 오면 즉시 달려 나가
문을 열어드리렴. 그렇게 하지 않은 이들에게 자유의지는 그저
'고집'일 뿐이란다.
자유한 자와 고집쟁이의 차이는 문 손잡이 하나에 있는지도
모르겠구나.

집 안에서 문 장그는 건 싫은 아빠가

누구든지 내 음성을
들고 문을 열면
계3:20

기대하는 맘으로 JESUS 박스를 두드리자

게임을 하다 보면 물음표 박스나 보물 상자 같은 게 나오지.
열기 전까지 은근히 설렘이 있지 않니?
사실 뭐가 나올지 뻔히 알아도 말야.
그런데 예수님이란 이름은 수없이 많은 능력이 튀어나오는
박스란다. 힘, 권능, 영광, 치유, 구원, 사랑, 승리, 진리, 길,
생명… 끝도 없을 거야!

살아가면서 도움이 필요할 땐 기도하면서 예수님의 이름을
두드리렴. 물론 너희가 게임으로 따지면 정의의 주인공일 때의
얘기야. 주인공이 악당과 별반 다를 게 없다면 게임이
성립될 일도 없겠지.

삶의 위기 때마다 하나님은 물음표 박스를 두셔서 피할 길,
이겨낼 힘을 주실 거야.
'이번엔 어떤 힘이 내게 드리워질까?'
기대하는 맘으로 JESUS 박스를 힘차게 두드리면 말야!
참, 힘들 때만 주님을 찾으란 의미는 절대 아니란다.

게임이 이젠 싫은 아빠가

하나님에게도 힘들었던 일

하나님과 우리 사이에는 너무나도 큰 장벽이 있었단다.
우리의 죄와 하나님의 거룩하심 사이에서 생겨날 수밖에
없는 높은 벽이었지.
정말 다행히도 그 벽은 허물어졌는데,
우리 인간의 노력으로 이뤄진 부분은 하나도 없단다.
하나님이 정하시고, 이루신 일이야.
얼마나 다행인지….
하나님이 그 벽을 허물기로 정하지 않으셨다면, 우리 인류는
만년을 더 살면서 노력해도 그 벽을 허물 수 없었을 거야.

하나님이 하셨으니 간단한 일이었을 거라고 생각할 수 있겠
지만, 하나님의 입장에서도 그건 굉장히 힘든 일이었단다.

> 자기 아들을 아끼지 아니하시고 우리 모든 사람을 위하여 내주
> 신 이가… 롬 8:32

하나님의 하나뿐인 아들이 인간의 삶에 오셔서 죽임당하셔
야 했거든.

어찌 그 아들과 함께 모든 것을
우리에게 주시지 아니하겠느냐
롬8:32

이는 내 사랑하는 아들이요 마 3:17

이 말은 이미 사람들에게 배신당하고, 조롱당하고, 침 뱉음
당하고, 나무에 못 박혀 죽을 것을 다 아셨던 하나님이 하신
말씀이야.
과연 웃으며 밝게 하신 말씀이었을까? 정말 가슴이 찢어지는
심정으로 외치셨다고 아빠는 생각해.
너희를 낳아 기르고 보니 이제야 느낄 수 있는 부분이 성경엔
참 많구나.

그런데 말이다! 아들을 보내 우리와의 사랑을 회복하셨다는 게
끝이 아니란다! 예수님의 부활하심과 그 승리로 우리 또한
이 세상에서 승리하면서 달려갈 수 있게 되었어!

자기 아들을 아끼지 아니하시고 우리 모든 사람을 위하여 내주
신 이가 어찌 그 아들과 함께 모든 것을 우리에게 주시지 아니하
겠느냐 롬 8:32

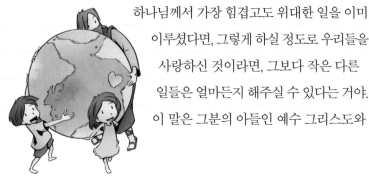

하나님께서 가장 힘겹고도 위대한 일을 이미
이루셨다면, 그렇게 하실 정도로 우리들을
사랑하신 것이라면, 그보다 작은 다른
일들은 얼마든지 해주실 수 있다는 거야.
이 말은 그분의 아들인 예수 그리스도와

함께 가는 방향이라면, 너희가 달려갈 길은 이미 하나님께서
모든 것을 예비해놓고 계시다는 말이기도 하단다.

　이 모든 일에 우리를 사랑하시는 이로 말미암아 우리가 넉넉히
　이기느니라 롬 8:37

이 말씀이 괜히 적혀 있는 게 아니지?
하나님이 최선을 다해 이루신 그 사랑은 그 어떤 것도
끊을 수 없단다(롬 8:39).
그러니까 이제 주와 함께 어떠한 일에 임하기 전에는 일단
승전가를 부를 준비부터 하렴.

승리의 용사들의 아빠가 🖋

여수는 너희 건축자들의 버린 돌로서
집모퉁이의 머릿돌이 되었느니라

행 4 : 11

모퉁잇돌과 나란히 그리고 같이

예수님은 이 세상에 오셔서 철저히 버림받으시고
십자가에 돌아가셨단다. 하지만 부활하시면서
믿는 자들의 터 위에 모퉁이 머릿돌이 되셨지. 그 모퉁잇돌을
기준으로 하나하나 돌을 쌓아 집이 만들어지는데, 그것이
바로 교회라고 볼 수 있어. 그러니까 우리도 모퉁잇돌이신
예수 그리스도 옆에 나란히 놓인 돌이라고 할 수 있지.

만약 모퉁잇돌 옆의 돌들이 제각각 딴 데만 바라보고 있다면
어떨까? 아빠는 들어가고 싶지 않을 것 같아.
언제 무너질지 모르잖아.
예수님 옆에 그냥 붙어있는 것만으로는 부족하단다.
더 나아가 그분과 같은 방향을 보며 예수님과 같은 시선,
같은 생각, 같은 행동으로 나란히 서 있어야 건강한 교회,
공동체가 되는 거야.
아빠는 너희들이 예수님을 잘 모르는 이들도 들어가서 진정한
기쁨과 평안을 누릴 수 있는 그런 집이 되어가기를 바라며
응원한단다.

이사 가고 싶은 아빠가

일단 이거부터 해야지

"일단 책상 정리부터 해라!"

우리 집에서 많이 하는 말이지. 너무 많이 들어서 들어도
별로 경각심을 느끼지 못하는 말이 되어버렸지만.

책을 읽든, 숙제를 하든, 그림을 그리든 우선은 책상을 정리
하지 않으면 할 수 없는 일이지.

책상 정리를 하지 않은 채 할 것을 들고 식탁이나 거실로
나와 버리면 집이 더 어질러지고, 또 혼나고 말야.

어떤 일이든 그걸 위해 우선 준비해야 하는 것이 있단다.

나가기 전엔 씻고, 운동하기 전엔 신을 신고, 게임 전엔 충전
하는 것처럼 말이지.

그리스도인은 모든 일 전에 해야 할 게 있는데 그건 기도란
다. 짧게 식사기도 하는 것도 좋은 예가 될 수 있지만, 그보다
는 좀 더 예배하고 주님을 먼저 찾는 맘으로 기도하는 거야.

삶의 이런 작은 일들에 하나님과 그의 뜻을 살피는 일이 계속
연결되면, 우린 '먼저 그의 나라와 그의 의를 구하는'(마 6:33)
삶을 살 수 있단다. 작은 일부터 쌓아가는 거야.

책상을 정리하기 전에도 살짝 기도하고 시작하는 거지.
모든 일에 주님을 우선순위로 두고 살아간다면,
너희에게 필요한 것쯤은 다 아시는 주님이 이미 모든 걸
준비해두셨음을 깨닫게 될 거야.

이제 그럼 책상 정리 좀 할까?

사랑하는 아빠가

노아와 비둘기

한손에만 가득하고
평온함이 더나으니라
전 4:6

엄마 아빠의 손을 꼭 잡고 자듯이

잘 때마다 한 손은 엄마, 아빠의 손을 꼭 잡고 자는 너희를
보면 참 행복하단다.
한편으론 이런 생각이 드는구나.
'나는 이렇게 예수님의 손을 붙들고 살고 있나?'
어른이 되면서 점점 이 세상을 살아가기에 바빠져서 어느샌가
중요한 것을 놓치고 있다는 걸 깨달을 때가 종종 있단다.
물에서 허우적대다가 어디론가 떠내려가는 것만 같은 때도
많고.

전도서에 이런 말이 있단다.

　두 손에 가득하고 수고하며 바람을 잡는 것보다 한 손에만 가득
　하고 평온함이 더 나으니라 전 4:6

이 세상은 두 손을 다 열심히 움직여서 돈, 명예, 성공을 붙잡
으라고 난리란다. 그러나 그 모든 것을 다 잡아봤던 솔로몬이
이런 말을 남긴 데에는 큰 의미가 있어.

이 땅의 돈, 명예, 성공은 바람과도 같아. 잡힐 듯하다가도
손에서 사라져버리지.
그리고 잡기까지는 굉장히 힘든데,
사라져버리는 건 순식간이란다.
너희는 이런 것을 일찍 깨닫고 한 손은 꼭 예수님의 손을 잡고
있길 바란다.
잘 때 한 손으로 아빠, 엄마 손을 쥐고 있듯이.
이 땅의 것들이 아무리 바람과 같더라도 우리가 여길 살아가는
이상 어느 정도는 필요하지.
그러나 그런 것들은 한 손으로만 잡아도 충분해.
다른 한 손은 꼭 구주(Savior)의 손을 꼭 쥐고 있으렴.

너희 손이 점점 자라가는 게 신기한 아빠가

한마디로 정의할 수 없는 '사랑'의 의미

초등학교 6학년 때 사랑이 뭔지 궁금해서
국어사전을 펼쳤더니 '아끼고 위하고 그리워
하는 마음'이라고 적혀 있더구나.
그외 여러 문장 예시도 적혀 있었고.
그러나 사랑이 그렇게 단순하게 정의될 수 없다는 것을
아빠는 고린도전서 13장을 읽을 때에야 알게 되었지.

> 내가 사람의 방언과 천사의 말을 할지라도 사랑이 없으면 소리
> 나는 구리와 울리는 꽹과리가 되고 내가 예언하는 능력이 있어
> 모든 비밀과 모든 지식을 알고 또 산을 옮길 만한 모든 믿음이
> 있을지라도 사랑이 없으면 내가 아무 것도 아니요 내가 내게 있
> 는 모든 것으로 구제하고 또 내 몸을 불사르게 내줄지라도 사랑
> 이 없으면 내게 아무 유익이 없느니라 사랑은 오래 참고 사랑은
> 온유하며 시기하지 아니하며 사랑은 자랑하지 아니하며 교만하
> 지 아니하며 무례히 행하지 아니하며 자기의 유익을 구하지 아
> 니하며 성내지 아니하며 악한 것을 생각하지 아니하며 불의를
> 기뻐하지 아니하며 진리와 함께 기뻐하고 모든 것을 참으며 모
> 든 것을 믿으며 모든 것을 바라며 모든 것을 견디느니라

고전 13:1-7

다 읽었니? 연인들의 프로포즈를 생각해보렴. 프로포즈는
자기가 원하는 대로 하기보단 최대한 상대방이 좋아할 것을
상상하면서 준비하는 것이지. 내가 좋아하는 것만 갖고
흥에 겨워 프로포즈를 한다면 결과가 위험할 수도 있어.
사랑은 상대방에게 맞춰주는 거란다.
고린도전서 13장에서도 이렇게 다른 이를 배려해주는
성품이 기본적으로 중요함을 설명하고 있단다.

예수님을 생각해보자. 하나님이신 분이 사랑하는 '인간'이
되어 내려오신 거란다. 사랑함으로 이룰 수 있는 최고의
일이란 생각이 들지 않니?
하나님께서 독생자를 내어주신 것은 아무 보상을 바라지 않은
무조건적이며 희생적인 사랑이야. 우리는 예수님을 통해
받은 이런 사랑으로 세상을 품어야 한단다. 그 사랑을 알면
그렇게 할 수밖에 없지.

그리스도인이 사랑이 없다면 그냥 기도하는 꽹과리나 되는
거야. 그렇게 되는 일은 절대로 피하자꾸나.

사랑하는 아빠가

내가 사람의 방언과 천사의 말을 할지라도 사랑이 없으면 소리나는 구리와 울리는 꽹과리가 되고 내가 예언하는 능력이 있어 모든 비밀과 모든 지식을 알고 또 산을 옮길만한 모든 믿음이 있을지라도 사랑이 없으면 내가 아무것도 아니요 내가 내게 있는 모든 것으로 구제하고 또 내 몸을 불사르게 내줄지라도 사랑이 없으면 내게 아무 유익이 없느니라 사랑은 오래 참고 사랑은 온유하며 시기하지 아니하며 사랑은 자랑하지 아니하며 교만하지 아니하며 무례히 행하지 아니하며 자기의 유익을 구하지 아니하며 성내지 아니하며 악한 것을 생각하지 아니하며 불의를 기뻐하지 아니하며 진리와 함께 기뻐하고 모든 것을 참으며 모든 것을 믿으며 모든 것을 바라며 모든 것을 견디느니라 사랑은 언제까지나 떨어지지 아니하되 예언도 폐하고 방언도 그치고 지식도 폐하리라 우리는 부분적으로 알고 부분적으로 예언하니 온전한 것이 올 때에는 부분적으로 하던 것이 폐하리라 내가 어렸을 때에는 말하는 것이 어린 아이와 같고 깨닫는 것이 어린 아이와 같고 생각하는 것이 어린 아이와 같다가 장성한 사람이 되어서는 어린 아이의 일을 버렸노라 우리가 지금은 거울로 보는 것 같이 희미하나 그 때에는 얼굴과 얼굴을 대하여 볼 것이요 지금은 내가 부분적으로 아나 그 때에는 주께서 나를 아신 것 같이 내가 온전히 알리라 그런즉 믿음 소망 사랑 이 세가지는 항상 있을 것인데 그 중의 제일은 사랑이라

고린도전서 13장

지혜있는자는 궁창의 빛과 같이 빛날것이요
많은 사람을 옳은 데로 돌아오게한자는
별과 같이 영원토록 빛 나리라—

단12:3

늘 성경을
가까이하며
지혜를 얻으렴

The Father Letters

꿀과 송이꿀보다
더 달도다
시119:10

The Father Letters
금보다 꿀보다 더 좋은 말씀

여호와의 율법은 완전하여 영혼을 소성시키며 여호와의 증거는 확실하여 우둔한 자를 지혜롭게 하며 여호와의 교훈은 정직하여 마음을 기쁘게 하고 여호와의 계명은 순결하여 눈을 밝게 하시도다 여호와를 경외하는 도는 정결하여 영원까지 이르고 여호와의 법도 진실하여 다 의로우니 금 곧 많은 순금보다 더 사모할 것이며 꿀과 송이꿀보다 더 달도다 시 19:7-10

아빠는 처음엔 이 말씀을 눈이 좋아지면 좋겠다는 단순한 생각에 엄청 암송했단다. "여호와의 계명은 순결하여 눈을 밝게 하시도다"가 제일 처음 마음에 와닿았거든.

그다음엔 "여호와의 교훈은 정직하여 마음을 기쁘게 하고"가 감동을 주었지. 요지경 같은 세상에서 하나님의 교훈이 바로 전해지는 일은 정말 기쁜 일이고, 그런 일에 내가 사용된다면 참 뿌듯하겠다고 생각했단다.

좀 더 지나니 7절도, 9절도, 10절도 다 반짝반짝 빛나더구나. 이렇게 한 구절 한 구절 사랑하는 말씀이 늘어가는 것 같아.

이 세상은 '금 곧 많은 순금'으로 거의 모든 것을 할 수 있는 것처럼 이야기한단다. '꿀과 송이꿀'이면 행복하다고 생각하게도 만들지.

하지만 말씀이 없이 이뤄진 거의 모든 것은 쇠처럼 녹슬고, 물 닿은 과일처럼 점차 곰팡이가 핀단다.

처음부터 다 알지 못해도 좋아. 꿀을 퍼주시는 주님과 잘 붙어 있다면 앞으로 살아가면서 조금씩 조금씩 말씀이 네 안에 채워지게 될 거야.

그리고 하루하루 더 확신하게 될 거야.

'아, 하나님의 말씀은 금보다도 더 반짝이고, 꿀보다도 더 달구나!'

'말씀의 능력으로 '거의 모든 것'이 아닌 '모든' 것을 할 수 있구나!'(빌 4:13) 하고 말이지!

너희를 사랑하는 아빠

울지 않아도 돼

자주 울곤 하는 너희들을 보며 '애들은 어떻게 세상을 살아
가나…' 하고 걱정할 때가 있단다.
'나는 저렇게 안 울었는데. 엄마를 닮은 건가!' 하고 착각할
때도 있었는데 잘 생각해보니 아빠도 그리 씩씩하고
끄떡없는 캐릭터는 아니었던 것 같구나.
그렇게 인정을 하니, 아빠가 교회를 다니기 시작하고 얼마나
오랫동안 말씀의 힘을 입어 살아올 수 있었는지를 깨닫게
된다.

나는 말씀을 잘 알지 못했지만 적어도 말씀은 나를 완벽히
파악하고 있었단다. 늘 거룩하게 살 수는 없었지만 그 거룩한
분은 한 시도 나를 놓치지 않으려 손을 뻗고 있었음을
알 수 있구나.
하나님의 말씀이 다 순전하다는 건 말씀을 가까이하지 않는
한 깨달을 수 없는 것 같아. 하지만 그 순전함을 자랑스러워
하며 당당히 의지할 수 있게 되면 세상에서 날아오는
그 어떤 화살도 막아낼 수 있단다.
보통은 성경에 불화살이라고 표현되지만 믿는 자에겐 그들의
'불'은 별것 아니야. 대부분 힘없는 화살인데 갯수가 많아

하나님의 말씀은 다 순전하며
하나님은 그를 의지하는 자의 방패시니라

잠 30 : 5

좀 번거로울 뿐이지.

C. S. 루이스는 얘기했어.
"사탄은 하나님에게 반대되는 개념이 아니다.
엄밀히 말해 미가엘에 반대되는 것이지."
악한 세력이 아무리 강하다 해도 하나님과 같은 급이 될 수는
없단다. 그들은 그저 하나님이 만드신 모든 것들을 조금씩
비틀어서 우리에게 잘못 느끼게 해줄 수 있을 뿐이야.

그러니 너희들이 자라면서 그 어떤 어려움에 닥치더라도
늘 감당할 수 있음을 선포하렴.

하나님이 주신 시련이라면 연단을 위한 것임에 당연하고,
행여나 사탄이 골탕 먹이려고 벌인 것이라면 절대로 주님의
힘을 능가하지 못하기 때문이야.
너희가 해야 할 일은 그저 '그를 의지하는 자'가 되는 것뿐이지.
아… 그러니까 이렇게 빙빙 돌려서 아빠가 결국 하고 싶은
말은, 안 울어도 된다는 거야.

너희를 사랑하는 아빠가

오늘 우리에게 일용할 양식을 주시옵고
마 6 : 11

성경은 식탁과 같단다

매일 가족이 함께 식탁에 모여 식사하는
건 여러 가지 중요한 의미가 있단다. 밥을
통한 영양, 맛있는 음식의 즐거움, 서로를 알아가는 대화 등등
말이지. 성경도 식탁과 같단다. 하나님과 함께 만나 꿀처럼
달콤한 말씀을 통해 우리 안에 영양을 채우는 식사시간이야.

오늘 우리에게 일용할 양식을 주시옵고 마 6:11

이 말씀처럼 성경 위에서 이뤄지는 식사 시간도 매일 행해지지
않으면 안 된단다. 밥 한 끼만 늦어져도 난리 나는 너희를 보렴.
우리 영혼의 식사 또한 늦어지거나 거르게 되면 금세
비실비실해진단다.
음식을 편식하지 않아야 하는 것처럼 말씀도 골고루 섭취하고
그 달콤함을 즐거워하렴. 하나님과의 기도를 통해서는
먼저 그분의 이야기를 자세히 들으려무나.
육신뿐만 아니라 영혼도 건강한 주의 자녀가 되기를
늘 기도한다.

함께 식사하는 시간이 즐거운 아빠가

묵상은 정말 아름다운 시간이야

복 있는 사람이 되어 철을 따라 열매 맺고
하나님께서 인정하시는 삶을 사는 힘.
그것은 묵상이란다.
성경이라는 주의 뜰을 거닐며 은혜의 강가에 앉아
그분께 질문하고, 그분의 열정이 뛰는 소리를 들으며,
그분을 사랑하고 겸손한 마음으로 신뢰하는 것.

묵상할 때 자신의 부족함을 인정하고 그분의 완전하심을
찬양할 수 있으며, 묵상을 해야 나의 연약함을 그분의 능력
으로 바꿀 수 있단다.

 이토록 아름다운 시간을 그 어떤 것과도 바꾸지 않는
아들, 딸이 되기를 기도한다.

From 사랑하는 아빠가

오직 여호와의 율법을 즐거워하여
그의 율법을 주야로 묵상하는도다

시1:2

성경은 역사이면서 예언이란다

 성경은 예언이란다. 알고들 있겠지만, 아빠가 얘기 해주려는 것은 '역사'를 통한 '예언'이야.

엘리야가 아합왕에게 "수년 동안 비도 이슬도 있지 아니하 리라!"라고 한 것 같은 말만 예언이 아니라 성경의 역사를 통해 우리가 앞으로 나아갈 길을 택하도록 알려준다는 것을 말해 주고 싶구나.

유대인들은 열왕기, 역대기 등 우리가 역사서라고 알고 있는 왕들과 선지자들에 대한 기록 또한 '예언서'로 인정한다고 해. 예를 들어 설명하자면, 다윗왕의 아들 솔로몬이 성전건축을 마친 후 하나님이 그에게 나타나셔서 앞으로 어떻게 해야 할지 알려주시고 그렇게 하지 못할 경우에 대해 적나라한 경고를 하셨지.

그러나 너희가 만일 돌아서서 내가 너희 앞에 둔 내 율례와 명령 을 버리고 가서 다른 신들을 섬겨 그들을 경배하면 내가 너희에 게 준 땅에서 그 뿌리를 뽑아내고 내 이름을 위하여 거룩하게 한 이 성전을 내 앞에서 버려 모든 민족 중에 속담거리와 이야깃거 리가 되게 하리니 이 성전이 비록 높을지라도 그리로 지나가는 자마다 놀라 이르되 여호와께서 무슨 까닭으로 이 땅과 이 성전

마땅히 행할 길을 아이에게 가르치라
그리하면 늙어도 그것을 떠나지 아니하리라
잠 22 : 6

에 이같이 행하셨는고 하면 대답하기를 그들이 자기 조상들을 애굽땅에서 인도하여 내신 자기 하나님 여호와를 버리고 다른 신들에게 붙잡혀서 그것들을 경배하여 섬기므로 여호와께서 이 모든 재앙을 그들에게 내리셨다 하리라 하셨더라 대하 7:19-22

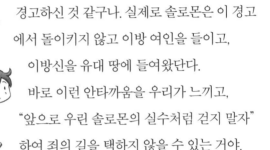

잘 읽어보렴. 하나님은 마치 솔로몬이 이럴 것을 아시고 경고하신 것 같구나. 실제로 솔로몬은 이 경고에서 돌이키지 않고 이방 여인을 들이고, 이방신을 유대 땅에 들여왔단다. 바로 이런 안타까움을 우리가 느끼고, "앞으로 우린 솔로몬의 실수처럼 걷지 말자" 하여 죄의 길을 택하지 않을 수 있는 거야.

이런 의미에서 역사가 예언이라는 것이지. 그렇게 볼 때 성경의 모든 내용은 우리에게 예언이 되는 거란다. '마땅히 행할 길'을 아이에게 가르치는 것. 얼마나 중요한 일인지 알겠지? 아빠가 이런 마음으로 너희에게 성경을 알려주는 것처럼, 너희도 이다음에 자녀들에게 이 예언들을 등에 잘 얹어주렴.

사랑하는 아빠가

이 복음은 하나님이 선지자들을 통하여
그의 아들에 관하여 성경에 미리 약속하신 것이라

롬 1 : 2

성경을 펼칠 때마다 떠올릴 이름

성경을 펼칠 때마다 우리가 떠올려야 하는 이름은 '예수님'
이란다.

> 이 복음은 하나님이 선지자들을 통하여 그의 아들에 관하여 성
> 경에 미리 약속하신 것이라 롬 1:2

이 말씀처럼 성경은 예수님에 관한 이야기란다. 구약은 예수
그리스도를 예표하는 일과 선지자들의 예언을 통한 약속의
글들이며, 신약은 예수님을 통해 성취된 약속의 기록이지.

종교개혁자인 마르틴 루터는 "빨래를 짜보아라. 물이 나올
것이다. 성경을 짜보아라. 피가 나올 것이다. 구약을 짜면
제물의 피가 나오고, 신약을 짜면 예수님의 피가 나올 것이다"
라고 말하면서 목숨을 걸고 "오직 예수, 오직 믿음, 오직 성경"을
외쳤단다.
한 장 한 장 성경을 넘길 때마다 예수님 보혈의 얼룩을,
우리 영혼을 향한 하나님의 사랑을, 그 긍휼을 만지길 바란다.

사랑하는 아빠가

주의 모든 계명들이 의로우므로
내 혀가 주의 말씀을 노래하리이다—

시119:172

달콤한 구절에만 밑줄을 그으면 안 돼

🔖 사랑하는 아들

네가 성경을 읽을 때 밑줄을 쉬지 않고 긋는다기에 아빠가
"밑줄은 중요한 곳에 긋는 거야" 했더니 네가 대답했어.
"다 중요한데!?"

아빠는 네 말을 듣고 '달콤한 구절만 밑줄 긋다가 성경을
잘못 이해하는 이들이 많겠구나'라는 생각을 해보았단다.
얼마 후 "이단이 되는 사람들이 다 자신에게 필요한 것에만
밑줄 긋다가 시작한 겁니다!"라는 설교를 듣고 네가 하는
방식이 틀리지 않았다는 걸 확신했지.

주의 모든 계명들이 의로우므로… 시 119:172

참 든든한 말씀이구나 싶다.
계속 밑줄 그어나가렴! 파이팅!

색연필 사고 싶은 아빠가 🪶

온갖좋은은사와온전한선물이 다위로부터
빛들의 아버지께로부터내려오나니
약 1:17

정말 귀한 지혜는 땅이 아니라 위에서부터

정신없이 학교 공부만 하다 보면
어느새 그게 다인 줄 알고 살아가고 있는 경우를
쉽게 보게 된단다.
그렇게 배우는 지식들이 무익한 것만은 아니지만
문제는 정말 유익한 지혜를 소홀히 하게 만드는
경향이 있다는 거야.

온갖 좋은 은사와 온전한 선물이 다 위로부터 빛들의 아버지께
로부터 내려오나니 약 1:17

성경은 이렇게 얘기하지만 많은 세상 사람들이
위로부터 내려오는 지혜 아닌 이 땅의 지식들로
자신을 채우는 일에 인생의 많은 시간을 쓰고 있단다.

이 땅을 변화시키고 진정한 영향을 끼치는 힘의 원천은
학식이 아니라 성령님을 통해 부어지는 영적 능력이란다.
그 능력을 꽉 붙잡은 상태에서 지식을 쌓아야만
비록 땅의 지식이라도 가치를 발할 수 있지.

이 땅과 하늘 사이에 엄청난 거리가
있는 것처럼 그리스도인의 깨달음과
일생을 공부만 한 학자의 지식에도
큰 차이가 있단다.

언제나 하나님께로부터 내려오는 지혜가 인간의 지식보다
귀하다는 걸 명심하렴.
옛날에도 그랬고, 지금도 그렇고, 앞으로도 그럴 거야.
어떤 공부를 하게 되든 하나님께 먼저 지혜를 구하렴.

· 사랑하는 아빠가

P.S 그래도 숙제는 학교 다녀와서 바로바로 좀 해라.

천국의 기쁨, 천국의 지혜를 맛보자

장 보러 마트에 갔다가 너희들 마음에 드는 장난감이 있을
때면 늘 엄청난 협상 끝에 사곤 했지.
그게 좋은 투자였는지 아닌지는 시간이 흘러야 알 수 있었어
(몇 달 후 쓰레기통에 있느냐 아니냐로).
그런데 어느 날 너희에게 꽤 많은 용돈을 주고 맘대로 사라고
했더니 정작 장난감을 사지 않는 모습을 보고 아빠는
성경에 나온 이 이야기가 생각났단다.

값진 진주를 발견한 상인이 있었어. 그는 그 진주 하나를
얻으려고 가진 걸 모두 팔았지.
이해가 되니? 가진 용돈이 아까워서 장난감 하나를 사는 게
그토록 힘든데, 그 사람은 집, 가구, 밭… 자기의 모든 소유와
그 진주를 바꿨단다.
그 진주는 바로 천국을 의미해. 천국은 자신의 모든 걸 주고
바꿀 정도로 가치가 있다는 의미야.
우린 이 땅에서 살아가는 동안 천국에서 오는 지혜를 맛볼
수 있단다. 그러면서 천국에 대한 가치를 엿보게 되고,
천국에 갈 수 있기를 사모하게 되는 거지.

그 지혜를 너희가 듬뿍 맛볼 수 있기를 바란다.

하나님은 성경 전체를 통해
그 지혜가 그리스도임을 알려주셔(골 2:3).
천국의 기쁨을 맛볼 수 있는 예수님을 통한 지혜!
우리가 살면서 얼마나 누릴 수 있을까?

지금 성경을 펼쳐보렴.
하나님께서 너희를 위해 준비해두신 천국의 지혜가
잔뜩 준비되어 있단다.

아직도 알 것이 많이 남은 아빠가 🪶

그 안에는 지혜와 지식의
모든 보화가 감추어져 있느니라

골 2 : 3

오직 우리 주 곧 구주 예수 그리스도의
은혜와 그를 아는 지식에서 자라가라
벧후 3:18

잘 먹어야 잘 자라지

골고루 먹지 않고 편식하는 너희를 보면 너무 안타깝구나.
계속 좋아하는 음식만 먹으면 충분히 잘 자랄 수 없지.
이런 것은 영적인 부분에도 똑같이 적용된단다.
매일 '태초에 하나님이 천지를 창조하시니라'만 읽어서는
하나님과 그분의 뜻을 온전히 알 수 없지 않겠니.
베드로는 '오직 우리 주 곧 구주 예수 그리스도의 은혜와
그를 아는 지식에서 자라 가라'(벤후 3:18)라고 말했어.
육신이 건강하게 자라나듯 우리 영도 주님을 아는 지식을
쌓으며 자라가야 해.

또 하나 중요한 것! 바로 '매일' 영양을 섭취하는 거야.
주일에만 예배로 주님과 교제하고 7일 중 그날에만 성경을
읽는다면 그 사람은 7일에 한 번 식사한 것과도 같아.
어떤 모습이 되어갈지 불 보듯 뻔하지?
날마다 날마다 성경을 읽고, 기도하고, 찬양하렴.
그 '날마다'가 모여 삶을 이룬단다.
자라가려무나. 예수 그리스도에게까지!

음식 버리는 게 제일 아까운 아빠가

실타래같이 꼬인 인생을 풀어가는 지혜

실타래를 그리면서 '정말 인생 같구나'라는 생각을 해봤단다.
부디 너희의 실타래는 저렇게 많이 꼬여 있지 않기를 바라지만
살아가다 보면 아마도 만나게 될 거다.
그게 '그냥 문제'일 수도 있고 '하나님의 연단'일 수도 있어.
어떤 경우든 풀어나가기 위해선 '지혜'가 필요해.
다행히 성경은 그 '지혜'를 아주 간단하고 명확하게 정리해
준단다.

> 여호와를 경외하는 것이 지혜의 근본이요 거룩하신 자를 아는
> 것이 명철이니라 잠 9:10

자주 들어서 당연한 말씀 같지만 여기에는 두 가지 조건이
포함되어 있단다. 온전히 '믿음'으로 여호와를 경외할 것과
그분을 '아는 것'이야.
믿음으로 하나님을 경외하지만 그분을 알아가는 것에
게을러서 지혜에 다다르지 못할 수도 있고,
반대로 하나님에 대해 열심히 이것저것 읽고 공부해 알지만
정작 믿음은 없어 마음 깊은 곳에서는 하나님을 인정하지
않는 일이 있을 수 있단다.

여호와를 경외하는 것이 **지혜**의 근본이요
거룩하신 자를 아는 것이 명철이니라

잠 9 : 10

너희에겐 '지혜의 싹'이 있다는 걸 기억하렴.

온전한 믿음으로 심긴 '하나님을 경외함'이란 지혜의

싹에 날마다 말씀을 읽고 기도하며 그분을 알아

가는 일로 열심히 물을 주렴.

그렇게 지혜의 싹이 나무가 되어 자라고,

사람이 감당할 시험 밖에는 너희가 당한 것이 없나니 오직 하나
님은 미쁘사 너희가 감당하지 못할 시험 당함을 허락하지 아니
하시고 시험 당할 즈음에 또한 피할 길을 내사 너희로 능히 감당
하게 하시느니라 고전 10:13

이 말씀이 달콤한 열매와도 같이 와 닿게 될 거야.

매일 실타래 푸는 아빠가

하나님의 약속은 든든한 영혼의 닻이란다

성경은 약속의 책이라고도 불린단다.
구약과 신약. 예수 그리스도를 중심으로 펼쳐진 하나님의
약속에 대한 기록이지.
이 긴 책을 통해 우리가 배우는 건 바로 하나님께서는
거짓말을 할 수 없으시고, 그분의 뜻은 변하지 않는다는
것이야.

> 하나님은 약속을 기업으로 받는 자들에게 그 뜻이 변하지 아니
> 함을 충분히 나타내시려고 그 일을 맹세로 보증하셨나니 이는
> 하나님이 거짓말을 하실 수 없는 이 두 가지 변하지 못할 사실로
> 말미암아 앞에 있는 소망을 얻으려고 피난처를 찾은 우리에게
> 큰 안위를 받게 하려 하심이라 히 6:17,18

이 세상은 변치 않는 건 하나도 없다는 듯 흔들리는 파도와도
같단다. 그저 잠시 유익이 되는 것만을 찾아 달리고,
그걸 위해 땀 흘리지.
그런 곳에서 흔들리고 허우적대지 않으려면 결코 변치 않을
무언가에 우릴 고정시켜야 하는데, 그것이 그리스도인에겐
'하나님의 약속'이란다.

우리가 할 일은 그분의 약속을 잘 알고,
흔들림 없이 믿는 것이지.
영혼의 닻. 참 든든한 말 아니니?
우린 이 약속이 있기에
풍랑의 바다에서든, 잔잔한 물 위에서든
하나님을 예배하는 기쁨을 누릴 수 있는 거란다.

사랑하는 아빠가

믿'어두'는 게 아니라 전심으로 믿는 거야

베드로는 모든 일에 처음으로 나설 정도로 성격이 급했고,
의지와 용기도 대단한 제자였단다.
예수님은 베드로에게 반석(게바)이라는 이름을 주셨지만
그는 반석처럼 굳건했다기보다는 많이 흔들렸던 사람이란다.
바다 위로 걸어오시는 예수님을 본 베드로는 무슨 생각이었
는지 자기도 물 위로 걸어가겠다고 했고, 배에서 뛰쳐나가
예수님께 걸어가다가 바람을 보고 무서워 물에 빠졌단다.
이때 예수님은 즉시 베드로를 구해주시며 "믿음이 작은 자여
왜 의심하였느냐"(마 14:31)라고 말씀하셨지.

예수님을 믿는 것을 '혹시 모르니 일단 믿어두자, 힘들 때
도움이 될지도 몰라' 같은 마음 정도로 생각하면 안 된단다.
마음을 다하여 전적으로 신뢰하지 않으면 이내 세상의 풍파가
두려워 빠져버리게 되지.
예수님은 여차하면 달려와 주는 수상구조대원이 아니야.
전심을 다해, 전력으로 주님만 바라보렴. 그게 폭풍의 때에
파도 위를 걸어 나갈 수 있는 유일한 지혜란다.
나의 작은 명철을 의지하고, 비교하고, 고민하는 순간
바다에 빠지는 거야.

폭풍의 때에 오히려 주님을 의지해 회복하고 강해
져서, 폭풍이 걷힐 때는 차고 넘쳤던 힘으로
또 달리는 거다!
살아가며 힘든 폭풍 때가 온다면, 예수님과
더 깊이 데이트할 수 있는 때라고 생각하렴.
바람만 불기 시작해도 설렐 거야.

사랑하는 아빠가 🪶

돋는 햇살 같고 영원히 빛나는 별 같은 아이들아

별자리를 알고 싶다던 너희 말이 생각나는구나.
아빠는 별자리를 잘 모른단다. 그냥 밤이 캄캄하고 주변에
불빛이 없으면 별이 잘 보인다는 정도만 알 뿐이야.
낭만 없는 아빠라 미안하다. 그래도 언젠가 꼭 별자리를
보고 배울 수 있는 데를 찾아가 보자꾸나.

어두울 때 확실히 보이는 게 또 있단다. 바로 '의인'이야.
성경에서 의인은 악인과 비교되며, 다른 두 부류의 이들은
어두울 때 완전히 다른 길을 가게 되지.
어두울 때란 마지막 심판의 때를 의미해. 무서운 얘기겠지
만, 모든 사람은 끝에 가서는 둘 중 하나란다.
빛에 거하든지, 빛 밖의 어둠에 거하든지.
의인은 돋는 햇살 같아서 어둠에서도 한낮의 광명에 이르지만,
악인은 어둠의 길을 다니다 걸려 넘어져도 그게 뭔지
모르지.

> 의인의 길은 돋는 햇살 같아서 크게 빛나 한낮의 광명에 이르거
> 니와 악인의 길은 어둠 같아서 그가 걸려 넘어져도 그것이 무엇
> 인지 깨닫지 못하느니라 잠 4:18,19

심판 때에 악인은 풀무 불에 던져지며 울며 이를 갈지만,
의인들은 아버지의 나라에서 해같이 빛날 거란다.

풀무 불에 던져 넣으리니 거기서 울며 이를 갈게 되리라 그 때에
의인들은 자기 아버지 나라에서 해와 같이 빛나리라 귀 있는 자
는 들으라 마 13:42,43

그때 악인들은 영원한 부끄러움을 당하지만,
지혜가 충만한 의인은 궁창의 빛과 같이 빛날 거야.

지혜 있는 자는 궁창의 빛과 같이 빛날 것이요 많은 사람을 옳은
데로 돌아오게 한 자는 별과 같이 영원토록 빛나리라 단 12:3

그런 의인들의 빛을 보고 많은 사람이 옳은 길로 돌아서게
될 거야. 하늘의 별과 같이 영원토록 빛날 우리 아들과 딸이
되기를, 아빠는 너희가 태어나기 전부터 기도하고 있단다.

어쩌면 저 하늘의 별들은 우리를 옳은 길로 이끌어준 믿음의
선배들일지도 모르겠구나.
낭만적인 아빠로 좀 회복이 되려나…. 하하

별빛들의 아빠가

'내 이름'이 불순물 되지 않도록

아빠가 청년일 때 정말 좋아하던 크리스천 뮤지컬팀이 있었어.
공연을 할 때면 한 주에 똑같은 걸 세 번이나 보러 가기도 했지.
하나님을 찬양하는 내용이어서 곡도, 대사도 거의 외우다시피
했단다.
그러다 보니 단원들이 너무 멋져 보였고, 어떤 이들이기에
저런 뮤지컬을 할 수 있는 걸까 궁금했어. 그런데 이상하게
도 단원들의 프로필은 일체 어디에도 적혀 있지 않았단다.
시간이 지나고 그 이유를 알게 되었어. 그들은 하나님께
영광을 돌리는 데에 자신의 이름이 주님의 영광을 가리게
될 수도 있음을 알았던 거야. 그런 일은 단원들이 잘하면
잘할수록 더욱 막기 힘든 일이니까 말야.
아빠는 이 사실을 알았을 때 '마치 다이아몬드처럼 투명한
거구나!'라고 깨달았단다.

이 땅에서 하나님을 높이고, 그 영광을 아름답게 선포하는
것은 우리의 사명이란다. 너희는 다이아몬드와도 같아.
다이아몬드를 통해 빛을 보면 너무나 아름답게 색들이 펼쳐
지는 것처럼, 너희를 보고 있으면 하나님의 영광이 다채롭게
퍼져 나오고 있음을 아빠는 느낀단다.

너희 빛이 사람 앞에 비치게하여
그들로 너희 착한 행실을 보고
하늘에 계신 너희 아버지께 영광을 돌리게하라

마 5 : 16

좋은 다이아몬드일수록 투명하지. 투명하지 않고 불순물
등으로 탁하면 빛이 아름답게 나올 수 없어.
바로, 그 불순물이 나의 '이름'이 될 수도 있다는 것을 명심해라.
'하나님만'이 아니라, '나'를 드러내려고 열심을 내는 순간
문방구 앞 500원짜리 뽑기용 '플라스틱 다이아몬드'가
될 수 있으니 말이다.

누가 봐도 주님께만 온전한 영광을 드리게 할
투명한 다이아몬드가 되기를.

이 세상 가장 예쁜 다이아몬드를 가진 아빠가

용기와 온유함으로 중심을 잡아라

짐볼 위에 올라앉아서 1분 넘게 균형을 유지하는
너희를 보면서 대단하다는 생각이 들었다.
아빠는 10초도 못 앉아 있겠던데….

좌로나 우로나 치우치지 말고 네 발을 악에서 떠나게 하라 잠 4:27

이 말씀을 잘 생각해보면 좌로나 우로나 치우치면 '악'을
밟을 수 있단 얘기란 걸 알 수 있지.
실제로 이 땅은 중심 잡고 있던 이들을 살짝만 밀어 놓고
'악'하다고 고발하는 일이 비일비재하단다.
서로 자기가 중심이라고 주장하면 당연히 상대는 치우쳐
있는 것처럼 보이기도 하거든.
우리는 '성경'이라는 중심을 걸어가면서 살아가야 하는데
한쪽으로 치우치지 않기 위해서는 한 손에는 '용기',
다른 손에는 '온유함'을 들어야 한단다.
이 세상에 하나님의 뜻을 강하게 선포하기 위해선 '용기'를
내야 하지만 '온유함'이 없는 상태에서는 싸움만 일으키고
끝날 수 있거든.

반대로 '온유함'만 지닌 채 '용기'가 전혀 없다면 강도에게
당한 사마리아인을 못 본 체하고 지나가는 제사장이나
레위인밖엔 될 수 없을 거야.

예수께서 성전에 들어가사 성전 안에서 매매하는 자들을 내쫓
으시며 돈 바꾸는 자들의 상과 비둘기 파는 자들의 의자를 둘러
엎으시며 막 11:15

이 구절에서 예수님은 '용기'만 발하신 것 같지만, 잘 보렴.
비둘기를 파는 자들은 '의자'를 둘러 엎으셨다고 적혀 있어.
다른 동물이나 돈은 다시 데려오거나 주우면 되지만,
비둘기는 날아가면 못 잡으니 그 와중에도 비둘기 상인들을
배려하신 게 아닐까?

예수님은 용기와 온유함을 모두 갖춘 분이셨어. 이 땅에서도
믿지 않는 사람들과 함께 살아가면서 예수님처럼 행동하는
것에는 '용기'와 '온유함'의 균형이 아주 중요하단다.

어려운 설명을 한 건 아닌지 모르겠지만 하나만 기억하자.
모든 일에 '예수님이라면?' 하고 생각하는 것 말이다.

종종 비틀대는 아빠가

좌로나 우로나 치우치지 말고
너 발을 악에서 떠나게 하라
잠4 : 27

평안의 매는 줄로 성령이
하나되게 하신 것을 힘써 지키라
엡 4:3

성령 충만한
예배자로
살아가기를

The Father Letters

하나님이 오른손으로 예수를 높이시매
그가 약속하신 성령을 아버지께 받아서
너희가 보고 듣는 이것을 부어 주셨느니라—
행2:33

늘 성령 충만하고 싶다면

성령의 충만함이란 하나님의 자녀들에게 최고의 축복이야.
늘 충만할 수 있다면 더없이 멋진 삶일 거야.
그런데 살아보니까 그게 늘 유지되는 게 쉽지 않더라.
아빠뿐만이 아니라 교회에서도 많은 이들이 성령 충만을
위해 노력하지만 생각보다 길게 그 뜨거움이 유지되지
못하는 걸 많이 봐 왔단다.
아빠는 너희가 이 일로 고민하게 될까 봐 은근 걱정이야.
여름,겨울 수련회 때마다 이 얘기가 꼭 나올 거거든.
하지만 이상한 게 아니란다.
원래 성령님의 임재 안에 충만하려면 지속적인 노력이
필요한 거야. 게다가 성경은 어떻게 성령님이 우리 안에
거하게 되시는지 간단한 원리로 설명해 주고 있단다.
왼쪽 그림 속의 사도행전 말씀을 읽어보렴.
간단해. 예수님을 높이면 성령님이 우리에게 내려오시지.
늘 성령 충만하고 싶다고? 늘 예수님을 높이기에 힘쓰렴!
할렐루야! 예배로, 찬양으로,
너희의 아름다운 행실로 말이다.

From 그림으로도 예수님을 높이고 싶은 아빠가

이는 만인에게 생명과 호흡과
만물을 친히 주시는 이심이라

행 17 : 25

숨이 탁 트이는 벌판처럼

가족 여행을 갔을 때 계획 없이 들렀던 목장의 풍경이 아직도
생생하구나. 풀밭 위로 자유롭게 달리던 바람이 지금도
그립단다. 높은 곳에 자리한 목장이어서 숨이 탁 트이는
느낌이 정말 좋았지.

A. B. 심슨이라는 목사님은 "성령 충만은 숨쉬기만큼 쉽다"
라는 얘길 했어.
성령 충만은 이토록 자연스럽게 이뤄질 수 있지만, 세상이
숨 막히게 돌아가다 보니 자연스럽지 않다고 느껴질 때가
있단다. 뭔가 크게 노력해야 얻는 보상으로 느껴질 때도 있고,
'나 같은 죄인이 어떻게 받을 수 있겠어' 하고
지레 포기하기도 하지.

하지만 그렇지 않아. 우리가 여행 갔을 때처럼 탁 트인 곳에
서 성령님을 만난다고 생각해보렴. 그곳은 우리의 관심을
빼앗는 뭔가가 없는 곳이었지.

바로 그거야. 성령님과 나 사이에 다른 것이 방해하지 않도록
내 안의 잡다한 것들을 내려놓는 거야.

기도의 거룩한 시간을 아무것도 비집고 들어올 수 없게
하렴. 그리고 성령님을 들이마시렴.
　평안히 호흡처럼 밀려 들어오실 거야.

성령 충만을 위해 너희 삶을 높고 탁 트인 목장처럼 만들길
바라.

　　　　　　　　　　　　　　　사랑하는 아빠가 🖊

몸과 마음을 잘 관리하는 비법

사도 바울은 하루 평균 약 32킬로미터를 걸으며 복음을
전했다고 하는구나. 정말 대단하지 않니? 몸도 편치 않았던
바울이 어떻게 그 긴 거리를 지치지 않고 완주하며 살았을까?
물론 사명감과 복음의 능력 때문이겠지만 아빠 생각엔 그가
마음과 몸 관리를 잘했던 이유도 있는 것 같구나.

> 그것은 얻는 자에게 생명이 되며 그의 온 육체의 건강이 됨이니
> 라 모든 지킬 만한 것 중에 더욱 네 마음을 지키라 생명의 근원
> 이 이에서 남이니라 잠 4:22,23

솔로몬의 이 말처럼 우리 몸과 마음에 건강이 되는 것이
있단다. 무엇인지 궁금하지 않니?

> 내 아들아 내 말에 주의하며 내가 말하는 것에 네 귀를 기울이
> 라 그것을 네 눈에서 떠나게 하지 말며 네 마음 속에 지키라
> 잠 4:20,21

바로 하나님의 말씀이란다. 그것이 너희 눈에서 떠날 때,
마음속에서 사라질 때 몸과 마음의 건강이 흔들리는 거란다.

모든 지킬만한것중에 더욱 네 마음을 지키라
생명의 근원이 이에서 남이니라 잠4:23

매일 조깅하고 등산하고 헬스를 다니고…
사람들은 육체의 건강을 위해 규칙적인 운동과 노력을
하지만, 마음을 지키지 않는다면 다 헛되단다.

먼저 마음을 주의 말씀으로 충만하게 하여 굳건히 지키렴.
'생명의 근원'이 우리 안에 거할 때 아팠던 몸도 회복될 조짐을
보이는 거란다.

너희가 늘 강건하길 바라는 아빠가

거리가 먼데 아버지가 그를 보고
측은히 여겨 달려가 목을 안고 입을 맞추니
눅15 : 20

The Father Letters

죄와 나와 하나님 사이

성경엔 자기 죄를 깨닫고 아버지께 돌아온 아들의 이야기가
나오는데 성경에서 가장 아름다운 장면이 아닐까 싶어.

> 이에 일어나서 아버지께로 돌아가니라 눅 15:20

죄를 뉘우치고 돌아설 때부터 아버지에게 달려가는 동안
중요한 일이 일어나는데 그와 죄의 거리가 당연히 멀어진다는
거야. 거꾸로 우리가 죄와 가까워진다면 아버지와의 거리가
멀어지게 되겠지. 죄와 나와 하나님 사이엔 이런 단순한
원리가 있구나.

> 아직도 거리가 먼데 아버지가 그를 보고 측은히 여겨 달려가 목
> 을 안고 입을 맞추니 눅 15:20

죄를 뒤로하고 아버지께 나갈 때, 아버지는 내가 달려가는
것보다 더 빨리 내게 달려오신단다. 하나님은 우리 영혼을
이토록 사랑하셔. 아빠도 그 사랑만큼 너희를 사랑한단다.

아빠가

평안의 매는 줄로 성령이
하나되게 하신 것을 힘써 지키라
엡 4:3

하나 됨을 이루는 것과 지켜내는 것

요즘 아침에 일어나자마자 말싸움하는 너희 남매를 보면
정말 '하나 됨'이 쉽지 않다는 생각이 든다.
자주 다투는 너희에게 불편한 얘기일지도 모르지만 '하나됨'
이 성도의 의무란다.
그런데 이 일이 사람의 생각과 노력으로는 잘 이뤄지지 않아.
너희뿐만 아니라 인류의 역사를 통해 인간의 하나 되고 싶은
노력이 제대로 달성된 적이 없음을 볼 수 있지.
바벨탑부터도 그렇잖니.
그들도 하나가 되고 싶은 나름 좋은 의도에서 시작했지만
결국은 교만만 드러내다 흩어지게 되었지.
지금의 세상도 겉으로는 테크놀로지며 네트워크로 하나
되게 하는 것 같지만 결국은 개개인이 뿔뿔이 흩어져버리는
일만 생긴단다. 느슨하고 얕은 연합일 뿐이야. 결론을 얘기
하자면 '하나 됨'은 성령님이 이루시는 것이란다.

성령이 하나 되게 하신 것을 힘써 지키라 엡 4:3

바울의 말이야. 초대교회의 오순절 성령 강림이 이뤄낸 명백한
'하나 됨'을 우린 성경을 읽어 알고 있잖니.

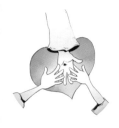

우리가 할 일은 그저 '성령 충만'으로

그 하나 됨을 지켜내는 것이란다.

성령이 충만할 때 우릴 통해 나타나는 것은

겸손과 온유, 오래 참음, 사랑, 용납,

평안이지(엡 4:2).

이 세상이 진작에 이렇게 성령님의 방법으로 하나 되길

힘썼다면 좋았을 텐데 어지간히 어려운가 보구나.

너희는 '만유를 통일하시는' 한 분이신 하나님 안에서

이 하나 됨을 정직하게 추구해 나가는 일꾼이 되려무나.

사이좋은 남매의 아빠가

여덟 살에…

만군의 여호와께서 말씀하시되
이는 힘으로 되지 아니하며 능력으로 되지 아니하고
오직 나의 영으로 되느니라

슥4:6

너희가 뭔가를 이루고자 할 때, 그것이 하나님의 뜻이라면
확실하게 인정하고 넘어갈 것이 있단다.
'하나님의 영'으로 모든 게 이뤄질 것. 그리고 '나의 힘'과
'나의 능력'은 내려놓는 것.

> 여호와께서 말씀하시되 이는 힘으로 되지 아니하며 능력으로
> 되지 아니하고 오직 나의 영으로 되느니라 슥 4:6

이 말씀은 유다 백성이 바벨론에 끌려가 70년 동안 포로
생활을 하고 돌아와서 성전을 다시 지을 때, 총책임자였던
스룹바벨에게 하신 말씀이란다.
이 말씀을 온전히 의지하고 인정한다면 일이 완수되었을 때
그것이 나의 힘과 능력이 아닌 오직 하나님의 은총으로 이루
어졌음을 고백할 수 있지.

자기 힘으로 하려고 하기에 낙담하고 자기 능력으로 하려고
하니까 피곤해지는 거란다. 휴대폰이 배터리에만 의존하면
시간이 지나 꺼지지만, 전원에 꽂혀있으면 늘 쌩쌩하지 않니.
이와 같은 원리란다.

하나님의 영이 통하는 연결선을 뽑고 어디론가 달아나는
어리석은 자가 되지 않길 기도한다.
유감스럽게도 우리 배터리로는 정말 하루를(도) 못 버틴단다.

사랑하는 아빠가

결코 일어나선 안 될 최고의 비극

예수님은 '아버지의 뜻'대로 행하는 자가 되어야 천국에
들어갈 것이라고 말씀하시며 그냥 "주여! 주여!" 외치는 자들이
다 천국에 들어가는 것이 아님을 확실히 가르쳐주셨지.
'아버지의 뜻'을 잘 알 수 있도록 우리에게 보내주신 분이
성령님이란다. 우리가 이 땅을 살면서 하나님의 뜻이 어디에
있는지 더듬어 살피고, 깨닫도록 도와주시지.

손만 들고 "네, 믿습니다!" 고백한다고 그냥 천국에 들어갈 수
있는 게 아니란다.
하나님이 "나를 간절히 찾는 자가 나를 만날 것이니라"
(잠 8:17)라고 말씀하셨고, 예수님이 "그들의 열매로 그들을
알리라"(마 7:20)라고 하신 것처럼,
우린 구원 받은 후로도 삶을 통해 아름다운 열매를 맺어야 해.

그런데 이건 육신의 생각이 아닌 성령님이 함께하셔야 가능한
일이란다. 성령님의 다스리심이 없는 상태라면 무식한
사람이나 유식한 사람이나 하나님 보시기에는 다 같단다.
그들은 열심히 뭔가 열매 맺어보려 하지만 천국에 합당한
열매를 맺을 수는 없지.

나더러 주여주여 하는 자마다
다 천국에 들어갈것이 아니요
다만 하늘에 계신 내아버지의 뜻대로
행하는 자라야 들어가리라

마7:21

그러므로 이 땅에서 생길 수 있는 최고의 비극은 성령님이 '나'를 떠나시는 거야(A. W. Tozer). 생각만 해도 아찔하지. 그 시점에서 생명책에서 이름이 지워지고 천국에 들어가는 일이 아득히 멀어지는 거니까.

아빠는 그런 비극이 너희에게 일어나지 않기를 간절히 기도한다. 주님과 이어진 손, 절대로 놓지 않기를.

너희를 위해 기도하는 아빠가

주일에 교회 못 가는 것보다 슬퍼할 일

예배를 드릴 수 있다는 것은 그 어떤 일보다 축복된 것이더구나. 요즘처럼 모이기 힘들어진 때가 되어, 그 축복을 뒤늦게 깨닫는 건 참 안타까운 일이 아닐 수 없다.

하지만 일주일에 한 번 교회에 못 가는 것보다 더욱 애통해야 하는 것은, 주일에만 주의 전에 거하고 남은 여섯 날 동안 세상에서 뒹구는 자신을 보는 것이 아닐까 싶다.

다윗 왕이 고백한 것처럼,

세상 그 어떤 좋은 곳에서 천 일을 뒹굴 수 있는 것보다 주의 전에서 하루를 지내는 일을 더욱 감사할 수 있다면, 그리고 그 하루가 너희의 매일이 될 수 있다면!

그러면 너희는 그 어떤 것도 두려워하지 않고 그리스도와 함께하는 모습으로 쑥쑥 자라갈 수 있을 거라고

아빠는 확신한단다.

너희가 있는 바로 그곳이 성전이고, 성령이 함께 거하시는 곳이야. 말씀을 매일 상고하여 네 안의 왕궁을 나날이 튼튼하게 만들렴.

사랑하는 아빠가

주의 궁정에서의 한날이
다른곳에서의 천날보다 나은즉
시84:10

여호와 우리 주여 주의 이름이 온 땅에
어찌 그리 아름다운지요 시 8:9

우리 아들이 다윗처럼 찬양시를 짓다니

어느 날 오빠가 성경의 시편을 읽더니 하나님을 향한 찬양의
자작시를 짓는 걸 보고 아빠는 큰 도전을 받았단다. 찬양이
우리에게 어려운 것일 리가 없는데, 왜 만들어 부르길 주저
했을까? 앞으론 가족이 함께 찬양을 만들어 부르자꾸나.
다윗처럼 말이지!

다윗은 행복한 왕이기만 했던 게 아니란다. 그는 고독했고,
외로웠으며 혼란스러운 어둠을 헤매야만 할 때가 아주 많았지.
그러나 다윗은 모든 상황 가운데서 하나님의 손을 온전히
잡았고, 자신을 구원해 주시는 주님의 공의와 신실하심을
찬양했단다.

하나님께서 우릴 보실 때 우리가 처한 상황이 아니라 그때
우리의 마음을 보신다는 것을 다윗을 통해 배울 수 있지.
아무리 어려운 고통 속에서도 하나님의 위대함을 바라볼 수
있는 사람, 세상으로부터 구별된 그런 거룩한 사람은 어딜
가든 노래(찬양)를 찾아낼 수 있단다.

너희 삶이 그렇게 하나님을 온 맘 다해 찬양한 왕과 같이
되길 기도한다.

사랑하는 아빠가

때를따라 소낙비를 내리되
복된 소낙비를 내리리라—
겔 34:26

성가대가 다시 모이는 그때는

줄곧 트로트 방송에 빠져서 보더니 방송이 끝나고 나서
너희가 말했지.
"아빠! 성가대가 하고 싶어요!"
그러게 말이다.
이런 날도 있구나. 모여서 찬양을 못 하다니….
갈급하구나.
언제 그랬냐는 듯 축복과 회복이 소낙비처럼 퍼부어져서
메말랐던 온 땅이 함께 찬양하게 되었으면 좋겠구나.
모이기가 어려워진 이때, 우리가 이 갈급함을 소중히 여겼으면
좋겠다.

From 너희를 사랑하는 아빠가

P.S 다시 성가대가 모일 수 있게 되면, 이전처럼 연습 빠지기 없기다.

헉, 쉬지 말고 기도하라고?

아빠가 처음 교회 나갔던 시절이 생각나는구나.
초등학교 6학년이었을 때였는데,
이 말씀을 듣고 숨이 턱 막혔단다.
"쉬지 말고 기도하라"
그때는 이 말씀이 마치 "숨도 쉬지 말고 기도하라"처럼
와 닿았달까.
교회에는 시간을 정해 나와서 열심히 무릎 꿇고 두 손 모아
기도하는 어르신들이 많으셨기에 '뭔가 경지에 다다르면
그런 기도를 쉬지 않고도 할 수 있나보다' 하고 생각했던 것
같아.

신앙의 크기가 작을 때에는 기도를 '뭔가 필요한 것이 있을 때
해야 하는 것'으로 생각할 수 있단다.
쪽지 시험을 보기 전이라든가, 가족이 아프다든가,
갖고 싶은 것들이 생겼을 때 말이지.
그럴 때만 기도를 하다 보면 자연스레 기도가 필요 없을 때가
있게 되고, 그런 상황이 계속 되면 기도할 때와 기도하지
않을 때의 삶이 다른 사람이 되고 만단다.

쉬지말고기도하라

살전 5:17

그러면 어른이 되어서도 기도는 열심히 하지만 뒤돌아서는 그리스도인답지 않게 행동하는 사람이 될 수 있지.
그래서 아빠는 너희가 말씀을 알아가면서 신앙이 자라가는 만큼 기도와 삶의 구분이 사라지기를 기도한단다.

기도는 호흡이라는 말을 자주 들었지? 호흡이 우리 몸에서 떨어질 수 없는 것처럼 기도도 우리 모든 삶에서 떨어지면 안 되는 거란다.
그렇게 생각하면 우리가 하는 모든 생각과 행동이 기도가 될 수 있다는 것을 알 수 있겠지?
쉽게 말하면, 아침에 일어나자마자 "아~ 잘 잤다!" 하는 것부터 밤에 자기 전 '무서운 꿈 꾸지 않게 해주세요'까지가 다 기도라는 거야!

모든 생각과 행동이 하나님께 이야기하는 것이라고 생각하면, 당연히 우리의 삶은 날마다 더욱 거룩해질 거란다.
무엇이 하나님께 보여주기 싫은 행동과 말하기 부끄러운 생각들이 되는지도 차차 구분될 거야.
그렇게 자라간다면 너희가 얼마나 멋진 그리스도인이 될지 아빠는 벌써부터 설렌단다.

이렇게 생각하면 '쉬지 말고 기도하라'가 무거운 숙제 같은
말이 아님을 알 수 있을 거라 생각해.

당연히 무릎을 꿇고 오랫동안 기도하는 것도 어렵지 않게
될 거야. 오히려 더욱 뜨겁게 기도할 수 있지.

기도하는 대로 행동하는 사람.

행동하는 것이 기도와 다르지 않은 사람.

그 말은 예수님과 동행한다는 것과도 같은 말이야.

"가장 좋은 기도는 그 사람의 삶 전체로 드리는 것이다." - A. W. 토저

너희를 위해 늘 기도하는 아빠가

하루 세 번씩 무릎을 꿇고 기도하며
그의 하나님께 감사하였더라

단 6:10

힘들 때에도 기도할 수 있으려면

다니엘이 죽음을 무릅쓰고 하루 세 번 기도했던 일을 기억
하지? 아빠는 그가 대단한 부분이 '전에 하던 대로'에 있다고
생각해. 고난이 올 때만 기도한 것이 아니지.

> 다니엘이 … 자기 집에 돌아가서는 윗방에 올라가 예루살렘으
> 로 향한 창문을 열고 전에 하던 대로 하루 세 번씩 무릎을 꿇고
> 기도하며 그의 하나님께 감사하였더라 단 6:10

기도는 습관이란다. 힘든 때에도 기도할 수 있으려면
그 이전에 기도해왔던 습관이 받쳐줘야 해.
기도의 골방과도 같은 혼자만의 공간과 시간을 따로 예비해
두는 것도 좋은 일이란다. 아무 방해 없이 하나님과 일대일로
앉아있는 때를 사모하렴. 그런 시간은 분명 너희 영혼에
단비가 될 거야. 바로 그때 그곳에서만 느낄 수 있는,
하나님이 주시는 기쁨의 강물의 맛이 있단다.

"성경은 기도의 내용이요. 기도는 성경의 주석이다." - 방지일

사랑하는 아빠가

아버지께 참되게 예배하는 자들은
영과 진리로 예배할 때가 오나니
곧 이때라 아버지께서는 자기에게
이렇게 예배하는 자들을 찾으시느니라

요4:23

자유롭게 예배드릴 수 없을 때

하나님은 영이시니 예배하는 자가 영과 진리로 예배할지니라
요 4:24

하나님은 언제나 이렇게 참되게 예배하는 자들을 찾으셔.
하지만 세상의 박해나 어쩔 수 없는 상황으로 예배를 자유롭게
드릴 수 없는 때가 역사적으로도 많이 있었고,
너희가 살아갈 미래에도 그런 일이 있을 수 있겠다 싶어서
아빠가 사도들의 이야기를 해주려 해.

사도행전 4장에서는 베드로와 요한이 성전 문 앞에 있던
걷지 못하던 거지를 일으키는 바람에 제사장과 장로들 앞에
끌려가서 혼나고 "예수의 이름으로 말하지도 말고 가르치지도
말라!"란 경고를 받고 나온단다. 교회에 대한 박해가
시작되는 것이었어.

이때 사도들이 두려워하며 예배를 그만뒀을까?
아니란다. 그렇다고 공회에 나가서 시위한 것도 아니야.
그들은 서로 다시 모여 이런 기도를 했어. 한마음으로!

'대주재여 천지와 바다와 그 가운데 만물을 지은 이시요'
(행 4:24)라고 하나님을 높이고, 그다음엔 박해가 일어나는
상황을 주님께 알려드리면서 '그들의 위협함을 굽어보시옵고'
(행 4:29)라고 기도했단다.

심판은 하나님께서 해주시는 부분이란 걸 인정하는 거지.
사람의 자력과 생각으로 복수하는 건 어리석은 일이란다.
중요한 건 다음 부분이야.

"종들로 하여금 담대히 하나님의 말씀을 전하게 하여
주시오며"(행 4:29)라고 간구하면서 다만 능력과 힘을
달라고 기도했단다.
사도들의 시선이 어디에 있었는지 알겠니?
눈앞의 박해에만 집중하며 우왕좌왕하지 않고
하나님과 그 능력을 구하는 것에 초점을 두었단다.

지금도, 앞으로도 그래. 우리가 해야 할 기도는 예나 지금이나
같아. 두려워하지 말고 다만 기도로 '이겨낼 능력과 힘'을
구하는 거야. 언제 어디서든 있는 곳에서 찬양하고 예배하기를
쉬지 말아라.

사랑하는 아빠가 🖋

빌릴 수 없으니 기름은 넉넉히

아빠와 엄마가 결혼식을 올릴 때 준비할
것이 엄청나게 많았단다. 지금 생각해보면
어떻게 그 모든 걸 알아보고 준비하며 결혼식을
했을까 싶단다.

성경에서는 예수님을 신랑으로, 우리를 신부로 표현한단다
(오빠는 남자라고 이게 잘 납득되지 않는 모양이다만). 그리고 예수
님이 재림하시는 때를 신랑이 오는 일로 비유하고 있지.
마태복음 25장에서 예수님은 직접 이 비유를 알려주시는데
우리는 등잔을 준비한 열 처녀와도 같단다.
그런데 문제는 생각보다 신랑이 더디 온다는 거야(마 25:5).
그들은 깜빡 졸다가 신랑이 오는 소릴 듣고 맞으러 나가는데,
미련한 다섯 처녀는 기름 없이 등잔만 준비했고, 슬기로운
다섯 처녀는 미리 기름을 따로 준비했기에 갖고 나갔지.

이 땅을 살면서 우린 슬기로운 처녀들같이 기름을 준비해야 해.
그건 스스로 자신만의 것을 준비하는 것으로,
남에게 꿔줄 수도 없단다.

이에 그 처녀들이 다 일어나 등을 준비할새

마25:7

이 '기름'은 우리가 살아가며 드리는 '예배'라고 볼 수 있어.
예배와 기도와 찬송, 이 기름이 떨어지지 않고 늘 그릇에
차고 넘치는 슬기로운 신부로 이 땅을 살아가길 바란다.
신랑이 오실 때 조금 늦으실 수도 있으니 넉넉히 준비하여
밤을 밝히고 있으렴.

밝게 빛나는 등잔을 든 신부들의 아빠가

인간과 동물의 가장 큰 차이점이 뭐게?

하나님이 온 세상을 창조하시고, 인간을 만드신 이유는
'예배'를 받으시기 위함이란다.
죄로 인해 멀어진 인간을 구원하신 목적 또한
'예배'를 받으시기 위함이란다.

그러니까 예배는 우리의 목적이라고 말할 수 있지.

천지를 창조하실 때 수많은 동물을 만드셨지만 동물들에게
예배를 받으신 게 아니고, 직접 흙으로 지으신 사람을 통해
예배를 받으셨지.
우리 인간이 동물들과 구별되는 가장 큰 특징이 바로 '예배'
란다. 이 예배를 소홀히 하는 것은 인간이기를 소홀히 하는
것과 같은 거야.
하나님의 의도대로 흙으로 지으신 거룩한 성전.
그게 우리란다.

어떠니? 얘들아. 서로가 새롭게 보이지?

사랑하는 아빠가

그를 기다리는 자마다
복이 있도다
사 30 : 18

하나님도 기다리시고 우리도 기다려야 하고

가끔 아빠가 일을 빨리 마치고 집에 가서 너희가 오길 기다
리며 너희 책상을 치우거나 청소기를 돌릴 때면 '아, 이런 게
사랑이구나'라는 생각이 들곤 한단다.

우리가 기도하는 것도 '기다림'이라는 생각이 드는구나.

사랑하기 때문에 이뤄지는 일들이야.

그런데 우리만 기다리는 게 아니구나.

하나님도 우리에게 은혜를 베푸시기 위해 기다리신대.

> 그러나 여호와께서 기다리시나니 이는 너희에게 은혜를 베풀려
> 하심이요 … 사 30:18

긍휼과 정의의 하나님을 언제나 기다리는 것. 그게 기도의
모습이란다. 예수님도 승천하실 때 "기다리라" 말씀하셨고,
제자들은 "50일 정도 기도해봅시다!" 한 게 아니라 응답
될 때까지 기다리며 '기도'했어.

짧게 기도하고 포기하거나 하지 말고, 기다리려무나.

길게 기다리는 만큼 사랑도 깊어지니 말이다.

얼른 집에 가고 싶은 아빠가

나의 사랑 나의 어여쁜 자야
일어나서 함께 가자

아 2 : 13

평생을
주님 손 잡고
함께 걸어가자꾸나

The Father Letters

내가 바다끝에 거주할지라도

내가 새벽 날개를 치며 바다 끝에 가서 거주할지라도
거기서도 주의 손이 나를 인도하시며 주의 오른손이 나를 붙드시리이다

시 139:9,10

힘들고 지치고 포기하고 싶을 때 꼭 기억하렴

🔖 사랑하는 아들

학교에 다니기 시작한 후 힘든 일이 있거나 친구랑 다투거나,
혹은 너 스스로 잘 해낼 수 없을 때 낙담할 때가 많았지.
신나서 놀다가도 그런 생각이 들면 줄곧 처져있는 너의 모습을
볼 때마다 아빠는 꽤 속상했단다.
일이 많아서 함께 놀아주지도 못하고, 네 말을 잘 들어주지도
못해 미안할 따름이지.
'얼른 일을 다 끝내고 놀아줘야겠다!' 해도 결국은 또 일을
하러 가는 거잖니….

그래도 우리에겐 이 모든 걸(너의 마음도 포함해서) 다 아시는
예수님이 계신다는 것이 정말 다행인 것 같아.

네가 힘들고, 지치고, 포기하고 싶을 때 이것만큼은 잊지
말아라. 바다끝에 가서 주저앉아 있고 싶을 때도 주님의
손이 너를 붙들고 있다는 것을.

우리의 능력으로는 그분의 손을 늘 붙잡고 있는 게 그리 쉽지 않아. 오히려 그분이 우릴 끝까지 쫓아와 잡아주시는 거지.

"Can't outrun Your Grace"

하나님의 은혜에서 도망치는 것은 자녀 된 우리에겐 엄청나게 힘든 일이란다. 그러니 어떤 일이 생기더라도 낙담하지 말기를 바란다.

너를 사랑하는 아빠가

어떤 문제를 만나든 일단 이렇게 외쳐라

🔻 사랑하는 아들아

아빠는 '감사'란 말을 생각하면 너의 외증조할머니가
생각난단다.
아빠가 엄마와 결혼을 하고 처음 뵈었을 때부터 돌아가실 때
까지 가장 많이, 언제나, 늘 하시던 말씀이 "아이구, 감사!
감사!"였지. 어떤 말을 들으시던 답변은 꼭 "아이구! 감사! 감사!"
시간이 흐를수록 그 감사를 고백함의 힘이 얼마나 강력한 것
인지를 깨닫게 된단다.
언제 어디서 어떤 문제를 만나든 간에 일단 외치렴.
"감사! 감사!"
그러면 너는 세상 어디에서나 어떤 관문이든 통과할 수 있는
열쇠를 갖고 다니는 것과도 같아.
불안해하거나 염려할 것도 전혀 없게 된단다.

다만 감사의 조건만을 찾아서 감사하려고 하거나 자기보다
못한 상황에 있는 이들을 보고 상대적 감사를 느끼려고
하는 건 위험하단다.

부족한 한 사람의 이성으로 감사의 '조건'을 찾아서 '이러니까 감사해'라고 생각하곤 한다면, 그 '조건'을 찾지 못하는 때가 올 때 합리적으로 불평을 하게 될 수 있어. 다른 이들과 '비교'해서 감사하는 것은 언제든 투덜댈 준비를 하는 것과 같아. 너보다 잘하고, 잘사는 사람이 늘 존재하기 때문이야.

외증조할머니를 생각해보렴.
그냥 "아이구, 감사! 감사!"
그 감사로 너의 외할머니가 복음으로 사셨고, 외할아버지가 복음을 알게 되셨고, 너의 엄마와 아빠가 교회에서 만났고, 지금 너와 네 동생이 태어날 수 있었던 거야.

너를 사랑하는 아빠가 🖋

P.S
아무것도 염려하지 말고 다만 모든 일에 기도와 간구로,
너희 구할 것을 감사함으로 하나님께 아뢰라 빌 4:6

최고로 중요한 건 다른 무엇이 아닌 '하나님께' 감사하는 거야.
너무 당연해서 안 적으려다가….

시련과 두려움 뒷면에 쓰여 있는 말

우리는 두려움이 엄습하면 하나님을 더듬어 찾게 된단다.
아빠는 너희가 벼랑 끝에 섰을 때만 하나님을 찾는 사람이
되는 것은 바라지 않아. 늘 하나님을 온전히 의지하고 살아
가며 웬만한 두려움은 걷어찰 수 있는 멋진 크리스천이
되길 바라지.
하지만 우리의 힘으로는 물론, 믿음 안에서도 감당하기 힘든
(감당할 수 없다는 건 아니야) 시련이 찾아올 때가 분명 있더구나.
어찌해야 할지 모를 막다른 길에 다다랐을 때,
부디 세상의 지혜를 의지하지 않고,
주님께 온전히 뛰어오를 수 있기를 바란다.
뛰어오르는 그때부터, 이 세상은 제시할 수 없는, 너와 하
나님만이 아는 멋지고 스릴 있는 길이 펼쳐질 거야. 아빠가
너에게 얘기 좀 해달라고 해도 어떻게 표현할 길이 없을 거다.
어려움, 시련, 두려움은 늘 뒷면에 '하나님의 길로 가는 초대장'
이라고 쓰여 있다고 생각하렴.

널 사랑하는 아빠가

P.S 아들, 이제 내일 있을 영어 쪽지 시험이 두렵지 않지?
영어 단어 외우기 힘들다고 바벨탑 사건까지 들먹일 줄은….

받은줄로믿으라
그리하면 너희에게 그대로 되리라
막 11:24

이렇게 기도해보자꾸나

얼마 전 학교에서 생일파티를 하고 친구들에게 예상치 못한
선물을 잔뜩 받고 행복해하던 아들의 모습이 생각나는구나.
생각지도 않았던 선물로도 그렇게 기쁜데, 늘 구하던 것이
이뤄진다면 얼마나 기쁠까?

아직은 간절히 구하는 기도를 많이 해보지 않았겠지만,
살다 보면 기도 아니면 도저히 이뤄지지 않을 만만치 않은
일들도 종종 생긴단다.
하지만 두려워할 필요가 전혀 없어. 하나님은 너희가 쓸 것을
미리 다 알고 계시거든. 아니, 이미 다 준비해놓고 계시지.
다만 너희가 기도로 구하며 하나님을 찾기를 바라신단다.

오늘 꼭 얘기하고 싶은 것은 기도의 자세에 관한 거야.
대충 기도해놓고 응답이 없으면 "이번 기도의 응답은
'No'구나" 하는 것은 좋은 자세가 아니란다.
예수님의 동생 야고보는 "구하여도 받지 못함은 정욕으로
쓰려고 잘못 구하기 때문이라"(약 4:3)라고 말했어.
너희가 기도하는 것이 하나님께서 보시기에 욕심과 자기
자신만을 위한 문제라면 들어주지 않으실 가능성이 크다고

봐야 해. 이럴 때는 어쩌다 기도대로 이뤄졌다고 해도,
그것이 하나님의 응답이 아닐 수 있단다.

그럼 어떤 걸 기도해야 할까?
예수님은 "그런즉 너희는 먼저 그의 나라와 그의
의를 구하라 그리하면 이 모든 것을 너희에게
더하시리라"(마 6:33)라고 말씀하셨단다.
그렇다면 기도하기 전에 꼭 생각해봐야겠지.
'이 문제가 하나님의 나라와 그분의 의에 맞는 건가!' 하고.

재미있는 건, 이런 기준으로 생각하면서 기도하고 살면
웬만한 소소한 문제들은 아예 일어나지도 않는다는 거야.

너희가 주님이 예비하신 선물을 전~부 받기를 원하는 아빠가

좋은 향기가 나니?

딸이 아빠 작업실에 오면 "향기가 너무 좋아" 하고 코를
쿵쿵대며 방향제를 찾아가는 게 아빠 참 재미있단다. 아빠가
스스로 그런 향기가 나면 좋겠는데 그러질 못하는구나.

향기란 참 신기한 것 같아. 누구든 좋은 향기를
맡으면 눈을 감고 그 향기의 시작점을
찾아가곤 하니까. 잠시나마 모든 걸 잊고
평안을 찾게 되기도 하지.

> 우리는 구원 받는 자들에게나 망하는 자들에게나 하나님 앞
> 에서 그리스도의 향기니 고후 2:15

우리 몸에는 오래 있는 곳의 냄새가 밴단다. 그러니까 분명
우리에게서 그리스도의 향기가 난다면 예수님과 오랜 시간
을 함께했다는 것이겠지.
그 향기는 우리의 노력으로 내는 게 아니라 그리스도의 능력이
임하면서 덧입히는 거란다. 이런 향기 나는 사람들이 모이면
향기 나는 교회가 되고, 이런 교회가 이 세상에 가득해지면
주님의 능력과 통치가 이뤄지겠지.

하나님앞에서그리스도의향기니

고후2:15

상상만으로도 입가에 미소가 들지만, 상상으로 끝날 일이
아니란다. 실제로 이루어질 일이야.

우린 그 약속을 믿는 이들이고.

이 향기로 다른 누군가에게 복이 되어줄 수 있는

너희가 되길 기도할게.

그거 아니?

향기를 내는 사람이 그 향기를 가장 많이 누린다는 거.

주님의 향기가 되는 일에 주저할수록 적게 누리게 될 테니,

부르심이 들린다면 고민하지 말고 그분께 달려 나가렴.

바닐라향이 좋은 아빠가

마음의 배수구에 쌓이는 찌꺼기를 청소하자

하나님의 영광을 위해 살 자들은 정결해야 한단다.
하나님과 그 백성을 섬기도록 구별된 제사장들은
이마에 '여호와께 성결'이라고 새긴 정금 패를 달았지.
다윗도 주님 앞에 정결하지 않으면 안 될 것을 깨닫고
눈물로 시편 51편을 썼단다.

이 세상은 죄와 정욕으로 가득해서
우리는 자칫하면 구원의 기쁨을 잃고
지저분해지는 마음을 안고 살게 되기도 한단다.
작은 쓰레기가 배수구에 쌓이면 물이 막히는 것처럼,
자주 마음을 청소하지 않으면 작다고 생각한 죄로 인해
주님의 큰 은혜가 내려오는 걸 받지 못할 수도 있단다.

죄에 대해서는 늘 철저해야 해.
나쁜 것들은 멀리할 수 있으면 좋겠지만 그렇게 할 수 없을
때는 꼭 필터처럼 여과할 수 있기를 바란다.
그리고 매일 매일 마음을 씻어주는 거야.
말씀으로, 찬양으로, 기도로, 큐티로 말이지.

입에서 나오는 것들은 마음에서 나오나니
이것이야말로 사람을 더럽게 하느니라

마 15 : 18

예수님의 제자에겐 꼭 체크해야 할 마음의 때가 있어.
'두려움', '칭찬받고 싶은 마음', '자아'와 같은 것들이야.
일단 이 찌꺼기를 잘 닦으면 정결한 마음으로 거룩해져서,
온전한 제사장이 되어
하나님과 그 백성을 잘 섬길 수 있을 거란다.

사랑하는 아빠가

공감의 다리가 되어주는 '친구'

상대방이 처한 상황을 겪어보거나 제대로 이해하지
못하면서 쉽게 이런저런 말을 조언이라고 해대는 것은
대부분 자기 무덤을 파는 것처럼 어리석은 일이 될 거야.
'경험'이 있느냐 없느냐의 차이는 생각보다 엄청 크단다.
그러니 친구랑 얘기할 때에도 쉽게 '공감'하는 척하는 건
조심하려무나.

> 아버지께서 나를 사랑하신 것같이 나도 너희를 사랑하였으니
> 나의 사랑 안에 거하라 요 15:9

하나님은 독생자를 보내셔서 우리의 상황을 우리보다도
더 완벽하게 겪고, 아신단다. 우리가 힘들어 낙심할 때
"내가 너를 잘 안단다" 하시는 건 결코 빈말이 아니야.

예수님은 죄인 되었던 우리를 '종'이 아닌 '친구'라고 부르셨어.
'종은 주인이 하는 것을 알지 못하지만, 예수님이 하나님
아버지께 들은 것을 다 우리에게 알게 하셨기 때문이지.
하나님과 예수님, 그리고 우리는 이렇게 친구,
서로 온전히 공감할 수 있는 친구라는 거야.

너희를친구라하였노니
요 15 : 15

친구라는 말이 이토록 사랑 가득한 말인지 사실 아빠도
이 편지를 적으며 처음 알았구나.

너희도 자라면서 많은 친구가 생길 거다. 그럴 때 꼭
이것을 기억하렴. 예수님이 우리와 하나님 사이에
공감의 다리가 되어주신 것처럼, 너희도 예수님과
그 친구들 사이에 공감의 다리가 된다는 것을 말이다.
우리만의 힘으론 다른 사람들을 다 이해하고 공감하는
것이 불가능해. 하지만 예수님을 통해서 교제하게 될 때는
주님 안에서 서로를 알게 되고, 누구와도 친구가,
아니 주 안에서 한 가족이 될 수 있지.

너희 얘기에 잘 공감하기 어려운 때가 점점 잦아지는 아빠가

쓸데없는 남 애기는 그만하자꾸나

부활하신 예수님께서 제자들에게 나타나셨을 때,
예수님이 "나를 따르라" 하시자 베드로가 예수님께 묻지.
"그럼 이 사람(요한)은 어떻게 되나요?"(요 21:20)
예수님은 좀 의아하셨는지 "내가 올 때까지 그를 머물게
하고자 할지라도 네게 무슨 상관이냐 너는 나를 따르라"
(요 21:22)라고 말씀하셨단다.
이 이야기로 요한복음이 끝나는 게 참 재미있다는
생각이 들었어.

'그럼 걔는요?', '그럼 쟤는요?'
우린 기본적으로 이런 질문을 많이 하는 것 같아.
자신에게 중요하지 않은 게 대부분인데도 말이야.
뉴스를 보거나 인터넷 창을 열어보면 죄다
다른 사람의 일을 갖고 왈가왈부하는 걸 볼 수 있을 거다.
자신과 관련이 있더라도 결국 남과 연결해 얘기하다가
삼천포로 달려가는 일이 다반사지.
'나와 하나님의 관계'를 두고 진지하게 고민하는 것은 찾아
보기가 힘들단다.

예수께서 이르시되 내가 올 때까지
그를 머물게 하고자 할지라도 네게 무슨 상관이냐
너는 나를 따르라 하시더라
요 21:22

다른 사람의 일을 사서 관여하고 신경 쓰는 건 오히려 나와
주님과의 관계가 확고하지 않음을 보여주는 일일 수도
있음을 기억하려무나.

"무슨 상관이냐. 너는 나를 따르라."
세상의 가십거리와 쓸데없는 이야기들에
너희의 소중한 시간과 시력을 낭비하지 않기를 바란다.

사랑하는 아빠가

낙담의 동굴에도 좋은 점이 있단다

어두운 면만 본다면 누구든지 낙담할 수 있지. 반대로 빛만
바라본다면 아무리 어두운 늪에서도 헤어 나올 수 있단다.
예수 그리스도라는 빛 말이다. 살다 보면 갈등, 고난, 슬픔을
만나게 된단다. 그런 때에 얼른 하나님의 긍휼을 바라보지
않는다면 이내 낙담의 동굴에 갇히게 될 거야.

그런 일들이 적기를 바라지만 어둠의 늪이 나쁘기만 한 건
아니야. 예수님이 더욱 가까이 오시기 때문에 그분과 더욱
친밀해질 기회거든.
예수님이 와 계셔도 계속 어둡고 불쌍하고 외로운 채로 있고
싶다면 그건 교만일 뿐이니 얼른 그분의 손을 잡으렴.
그 시간에 다른 것을 찾아 위로받으려는 건 죄에게 들어오라고
손짓하는 것과 같아. 그런 생각이 마음에 가득 차기 전에
속히 주님의 손을 잡으렴. 일시적인 것을 누리며 괜찮다는
착각에 빠지지 말고 영원한 것에 몸과 맘을 내어드려라.
일단은 힘든 일이 생길 때는 아빠, 엄마에게 말해주길.
사랑한다, 우리 아가들. 힘내렴.

낙담과는 별로 친하지 않은 아빠가 ✒

나의 영혼아 잠잠히
하나님만 바라라
무릇 나의 소망이 그로부터 나오는도다
시 62 : 5

누구나 내가 높아지길 원하지만

다른 이들이 인정해주면 좋겠고,

날 봐주고 내 말이 맞다고 맞장구 쳐주길 바라고,

내 기분을 다들 알아주길 원하고,

성공하고 싶고,

어떤 일을 하든 내 몫을 단단히 챙겨 받기를 기대하고….

'다들 나를 따라줬으면 좋겠다. 높아지고 싶다!'

그게 바로 '나'란다.

이런 '나'의 마음으로 살아가는 이들은 집 밖에만 나가면 얼마든지 볼 수 있지. 아니, 그 전에 내 안에도 그런 '나'가 있단다.

예수님의 제자들도 서로 높아지고 싶어 했는데, 그때 예수님은 "그러나 나는 섬기는 자로 너희 중에 있노라"(눅 22:27)라고 말씀하셨어. 제자들은 예수님이 발을 씻겨주실 때도 그분을 따라가는 게 어떤 것인지 몰랐단다.

그러나 성령을 받은 후의 제자들처럼 예수님의 길을 따르는 것은 내 안의 '나', 바로 높아지고 싶은 '나'를 온전히 부인하는 데서 시작한단다.

너희중에 누구든지 크고자하는 자는
너희를 섬기는 자가되고
마 20 : 26

예수님은 십자가에 죽으시기까지 철저히 낮아지셔서 목숨
까지 내어주시고 우리 죄인들을 섬겨주시면서 가장 높은
사랑의 길로 걸으신 거야.
예수님은 성경 어디에서도 높아지려 하신 적이 없었단다.
더 가지려고 하신 적도 없었어.
그분을 바로 알고 따르며, 너희 세대를 온전히 섬기는
참 제자가 되기를 기도한다. 사랑해

낮은 자들의 아빠가

게으른 자는 마음으로 원하여도 얻지 못하나
부지런한 자의 마음은 풍족함을 얻느니라
잠 13 : 4

바구니에 가득 찬 열매를 기대하며

자신이 게으른 자였는지 부지런한 자였는지는
주님이 다시 오실 때 제대로 알 수 있을 거야.
아빠는 너희가 예수님 앞에 서게 될 때 그분께 드릴 열매를
가득 안고서 풍족한 마음으로 설 수 있기를 기도한단다.

우리는 땅끝까지 복음이 전해지도록 씨를 뿌리고, 땀 흘리는
사명을 지녔단다. 비 오는 날도 있고, 바람이 부는 날도 있을
거야. 열심히 일하다 보면 때론 우리 육체와 마음이 쇠잔해
져서 힘들어질 수도 있고.
그렇지만 주님 맞을 날의 기쁨과 풍족한 마음을 고대하며,
모든 걸 드려 열심히 우리 밭을 일구는 거야.
온 땅이 하나님을 찬양하며 영광 돌리는 그때에
내가 맺을 열매를 잔뜩 안고서 말이지.
아빠도 그 열매를 맺기 위해 더욱 힘낼 거란다.
너희의 바구니도 기대하마.

사랑하는 아빠가

성품을 만들어주는 달콤한 감사

감사가 얼마나 달콤한지 아니?
그냥 뭘 받아서 "네, 감사합니다" 하는 것 말고,
예수님을 믿는 믿음에 굳게 선 감사 말이야.
그 안에서 누리는 감사는 삶에 매우 강력한 힘이 되어준단다.
아빠는 어려서 가족 중 처음으로 교회를 다녔기에
성경도 교회도 잘 알지 못했어.
그런데 하나 마음 깊이 심긴 말씀이 "감사하라"였지.
어떤 일에도 감사하는 마음을 갖기 위해 노력하고, 입으로
고백하며 신앙생활을 하면 어느새 불평할 일이나 부족한 것
들은 잘 못 보게 된단다. 어차피 그런 것들은 지나가 버리는
게 대부분이라 자세히 집중할 필요도 없다는 것을 알게 되지.

'감사'는 그렇게 너희의 성품을 만들어준단다.
언제나 늘, 무엇보다 더욱 중요한 '예수님'께 초점을 맞출 수
있게 해줄 거야.
이렇게 '달콤한 감사'를 제쳐두고 '씁쓸한 불평'을 택하는 건
뭔가 입맛이 고장 난 게 틀림없지. 암! 그렇고말고.

오늘은 시리얼을 사서 들어가고 싶은 아빠가

그 안에 뿌리를 박으며 세움을 받아
교훈을 받은 대로 믿음에 굳게 서서
감사함을 넘치게 하라

골2:7

손에쟁기를잡고뒤를돌아보는자는
하나님의나라에합당하지아니하니라

눅9 : 62

열왕기상 20장에서 엘리야가 엘리사를 부르자 엘리사는
엘리야를 따르면서 자기의 소를 버리고 밭 가는 기구는
전부 불살라버렸단다. 베드로가 예수님을 따를 때도 그는
배와 그물을 버리고 따랐지.

반면에 성경엔 자기 환경(부모, 재물, 혼인 등등)을 걱정하느라
예수님을 따르지 못한 자들도 등장해. 그런 이들에게 예수님은
"손에 쟁기를 잡고 뒤를 돌아보는 자는 하나님의 나라에
합당하지 아니하니라"(눅 9:62)라고 말씀하셨어.
주님을 따르는 자는 영적인 일을 우선시해야 하고,
자기 환경 때문에 주저해서는 안 된다는 의미란다.

손에 쟁기를 잡고 땅을 일구면서 뒤를 돌아보면 흙 대신
자기 손이나 발을 내리치게 될 거야.
뒤를 보며 앞으로 전력질주하려는 선수는 없지.
버리고 가는 거다. 주님의 음성이 확실하다면.

사랑하는 아빠가

배우자 기도는 빠를수록 좋아

너희가 만나게 될 배우자 애기를 벌써 하는 건 좀 이른 듯하지
만 배우자를 위해 '기도'하는 것은 전혀 이른 일이 아니란다.
좋은 배우자를 맞기 위해 기도하면, 신기하게도 그 기도는
나 자신을 향해 돌아와 나 자신이 좋은 배우자감이 될 수 있게
만들지. 아빠는 배우자 기도만 잘해도 성령의 아홉 가지
열매는 다 맺을 수 있을 거라고 확신한다.
배우자와의 만남은 그토록 중요하며, 하나님의 인도하심이
없어서는 안 될 일이란다.

이 세상은 결혼을 점점 별것 아닌 것처럼 그려내고 있어.
가볍고, 쉽게 취소할 수 있는 것처럼.
그러나 하나님은 배우자와의 만남과 가정을 거룩하게 여기
셨지. 우주적인 행복을 누린다고 할 정도로 결혼은 가치 있고
거룩한 일이야.
예수님이 다시 오심을 신랑 신부의 결혼으로 표현한 걸 이해
할 수 있겠지? 그런 배우자와의 만남을 위해 기도하며 자신을
준비해가렴.
세상에서 만들어내는 음란함과 정욕이 묻은 문화에 몸과
마음을 맡겨선 안 된단다. 그건 집 문을 열어 놓고 동네 개와

나의사랑나의어여쁜자야
일어나서 함께가자

아2:13

고양이들에게 들어와 살며 나의 것을 먹으라고 하는 것과도 같단다.

너희가 거룩한 성전임을 인정하고, 구별된 삶을 살아갈 때, 다른 곳에서 너와 같이 구별된 삶을 살아온 배우자를 만나게 되는 거란다.

사랑한다. 그리고 너희와 만나 배우자가 될 아이도 축복한다.

배우자를 잘 만난 아빠가

성을 정복하는 것보다 마음 다스리는 게 먼저

아빠가 오랜만에 기도하면서 힘차게 산을 오를 때의 일이야.
사람도 별로 없어서 기도를 크게 하기도 했고,
찬양도 부를 수 있었어.
정말 하나님과 대화하는 기분으로 기도가 잘 되던 때였는데
바로 그때, 옆을 지나가던 팔뚝만한 강아지가 갑자기
"왈왈!" 아빠를 보고 짖었지.
깜짝 놀란 아빠는 순간 얼마나 화가 났던지 심장이 쿵쾅쿵쾅
뛰고, 정말 0.5초 사이에 그 강아지를 발로 다섯 번은 걷어차는
상상을 했단다.
당황한 주인아줌마는 금새 강아지를 끌고 멀리 뛰어갔지.
자기 아이는 이러지 않는데 이상하다면서.

멍하니 있다가 아빠가 기도 중이었다는 걸 뒤늦게 알아차렸어.
성령이 충만하다고 한창 기뻐하며 기도하고 있었는데
강아지 짖는 소리 하나에 이렇게 무너질 수 있구나,
하고 깨달았지.
무엇보다 아빠는 순간적으로 올라오는 화를 다스리는 훈련을
많이 못 한 것 같구나.

노하기를더디하는자는용사보다낫고
자기의마음을다스리는자는
성을빼앗는자보다나으니라ㅡ

잠16:32

노하기를 더디하는 자는 용사보다 낫고 자기의 마음을 다스리는 자는 성을 빼앗는 자보다 나으니라 잠 16:32

마음을 잘 다스리는 게 성읍을 정복하는 일보다도 우선이라는
거야. 아빠도 부지런히 화를 다스리는 연습을 해 볼게.
너희도 노하기를 더디 하는 일에 익숙해져서
용사보다도 강한 사람이 될 수 있길 기도한다.

산책 나온 강아지를 무서워하는 아빠가

다채로운 꿈, 굳건한 사명

화가, 선생님, 크리에이터, 게이머, 파티쉐…
물어볼 때마다 바뀌는 장래희망을 들으면 '어릴 때는 정말
많은 가능성이 있는 거구나!'라는 생각이 든다.
아빠도 외교관, 과학자, 만화가 등 많은 꿈이 있었지만 나이가
들어갈수록 이런 걸 자유롭게 말하기가 점점 어려워지더구나.

이 세상에서는 다양한 꿈을 이룰 수 있다고, 우리에겐 무한한
가능성이 있다고 외친단다. 실제로는 거의 말뿐이야.
게다가 경제적 위기나 유행의 변화를 겪을 때는 여차하면
그 파도에 휩쓸리고, 휘청거리거나 심지어 열심히 쌓은 꿈의
길을 포기하게 하기도 하지.
세상의 외침은 이런 면에 있어서 꽤 무책임해.
"이 산이 아니었소이다! 이제 저 옆 산이 대세인 듯합니다!"
이러기 일쑤야.

그러나 하나님의 사람들은 세상의 이런 풍랑에서 흔들리지
않을 수 있단다! 바로 '사명'이라는 굳건한 바위를 붙들고
살아가거든.

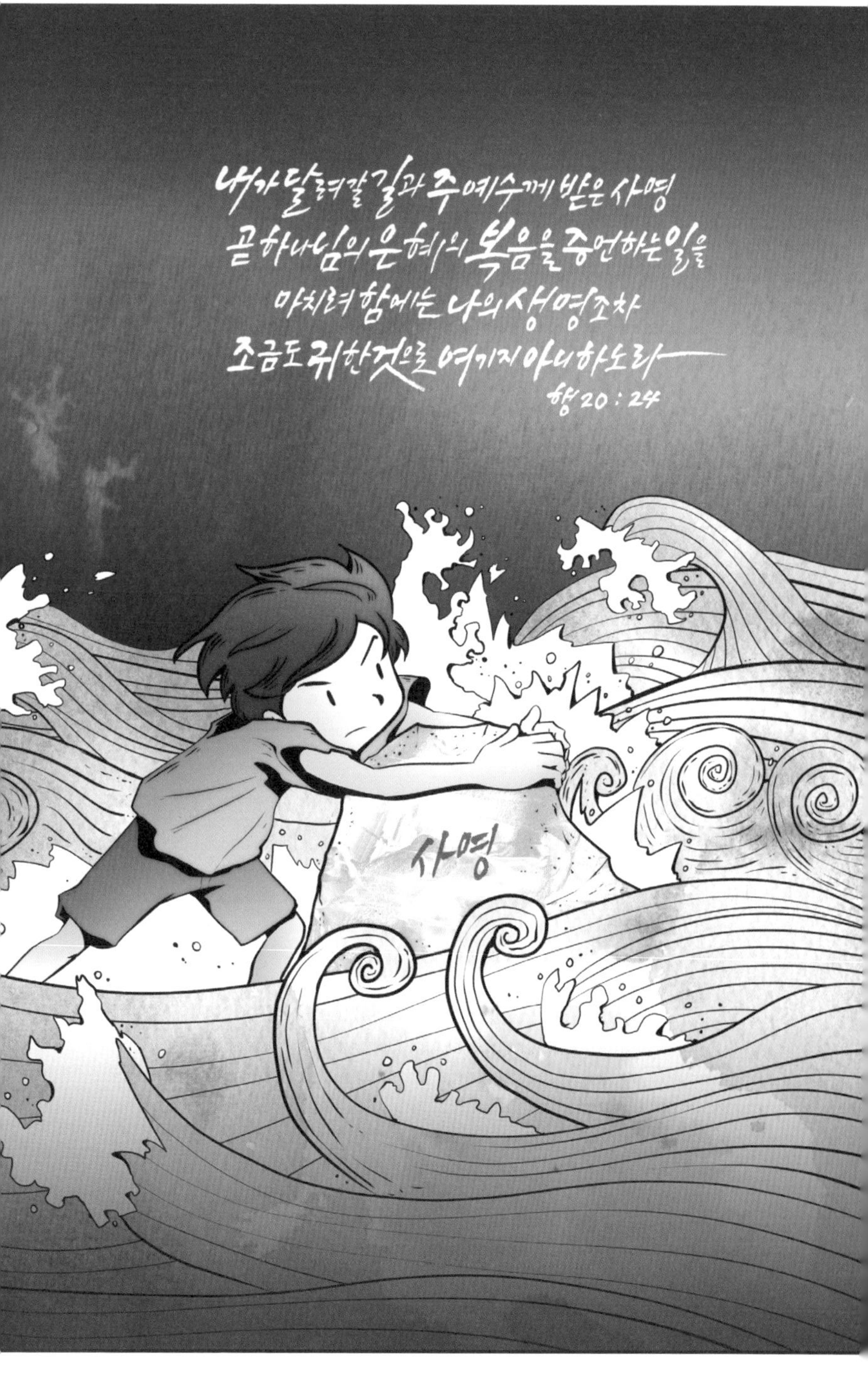
내가 달려갈 길과 주 예수께 받은 사명
곧 하나님의 은혜의 복음을 증언하는 일을
마치려 함에는 나의 생명조차
조금도 귀한 것으로 여기지 아니하노라
행 20:24
사명

사도 바울은 사명을 '내가 달려갈 길', '주 예수께 받은 것'이라고 얘기했어. 그리고 그 목표는 '하나님의 은혜의 복음을 증언하는 일'을 마치는 것이야.

나아갈 길이 확실하고, 그 길을 완주하기 위해 '나의 생명조차 조금도 귀한 것으로 여기지 않을 수' 있다면, 그런 사명을 붙든 이들을 무엇으로 이 세상이 흔들 수 있겠니.

너희가 어떤 모습의 사명을 받아 걷게 될지 아빠는 엄청 기대된단다. 그리고 그 굳건한 바위를 어떤 때에도 꽉 잡고 있을 수 있기를 기도한단다.

손에 굳은살 많은 아빠가

196

거룩한 분노와 그냥 분노를 구별하는 방법

🔖 사랑하는 아들에게

네가 담배를 피우던 어떤 형에게 가서 길에서
피우지 말라고 했다가 맞을 뻔했다는 소식을
엄마에게 듣고 아빠는 심장이 벌렁거렸단다.
너도 나름 '거룩한 분노'가 일었던 모양이다만,
글쎄다…. 아빠 생각에는 자신이 옳다는 생각이 분명하더라도
성급하게 다른 사람의 말이나 행동을 판단하고 지적하는 건
조금 위험한 일인 것 같구나.
경우에 따라선 굉장히 위험할 수도 있어. 아까 그 형도 적어도
너보다 열 살은 위였을 텐데 말이지.

살다 보면 '거룩한 분노'를 내야 할 때가 분명 있단다.
이럴 땐 표현을 해야 해. 그렇지 않으면 너의 안에 성령님과
멀어질 수도 있으니 말이다.
하지만 '거룩한 분노'는 사람과의 관계에 있어서 상처를 주고
멀어지게 하지 않는다는 걸 명심하렴. 만일 그런 일이
생긴다면 그것은 그냥 '분노'이고 '마음의 흐트러짐'이었을
뿐이야.

상심한자들을고치시며
그들의상처를싸매시는도다
시147:3

시편 147편 3절을 보면 "상심한 자들을 고치시며 그들의 상처를 싸매시는도다"라고 하나님을 찬양하고 있어. 하나님은 그런 분이셔. 그분의 분노는 무섭지만 우리를 사랑하고, 싸매시기 위한 분노란다.

이처럼 너도 '분노'가 올라오는 것 같을 때 그게 거룩한지 아닌지를 생각해볼 수 있는데, 바로 나에게 '책임질 수 있는 지혜'와 '분노보다 훨씬 큰 사랑'이 있는지를 헤아려보는 거야. 그런데 아마도 이렇게 잠잠히 생각하다 보면 웬만한 화는 다 가라앉게 되겠구나….

잔잔한 호수 같은 마음을 가진 아들의 아빠가 🖋

The Father Letters
신앙의 자전거에는 두 개의 바퀴가 있단다

너희가 처음 자전거를 배운 날이 생각나는구나. 두 바퀴
자전거인데도 생각보다 잘 적응해서 씽씽 달리며 즐겁고
시원한 저녁을 보냈지. 아빠는 따라다니느라 힘들었지만.

신앙이 자라가면서도 자전거의 두 바퀴를 보며 자신을 체크
할 것이 있단다. 바로 '믿음'과 '행함'이야. '행함'은 주님의
뜻대로 한다는 말이니 '순종'이 어찌 보면 더 맞는 해석일지도.
두 바퀴 중 하나라도 바람이 빠져있으면 제대로 달릴 수 없는
것처럼, 너희의 믿음만큼 순종도 빵빵해야 해.

야고보는 "행함이 없는 믿음은 그 자체가 죽은 것이라"
(약 2:17)라고 말했어. 베드로도 우리 그리스도인들을 "순종
하는 자식"(벧전 1:14)이라고 표현했단다.
예수님을 '믿음'만으로는 결코 온전한 그리스도인이 되는 게
아니란다. 외발 자전거 타는 사람의 모습을 생각해보렴.
정신없이 우왕좌왕….
너희는 두 바퀴로 바람을 가르며 곧바로 달려 나가길 바란다.
우주의 티끌밖에 안 되는 우리가 창조주에게 순종하는 건
대수로운 일이 아닌 당연한 일이란다.

행함이없는믿음은
그자체가죽은것이라
약2:17

그런데 순종을 하면 주님은 '말씀'을 너희에게 주신단다.
말씀을 우리 몸으로 학습해 자기 것으로 만드는 이치지.
일본의 닌자들이 인법 두루마리를 소지하고 다녔다는 얘기를
생각해보렴. 우리에겐 그런 말씀의 두루마리가 수천 개가
넘는 거란다. 순종으로 그렇게나 많은 말씀의 권능을
옷 입은 우리를 과연 어떤 적이 공격하겠니. 아마도 자기들끼리
서로 나가 싸우라고 미루다가 포기할 거다.

'순종'의 훈련을 게을리하지 말거라.

자전거 헬멧 사고 싶은 아빠가 ✒

영원한 휴가는 어디로 갈까?

휴가철이 되면 '이번엔 어디 가서 쉬다 올까?' 하는 생각에
설레기도 하지만 고민하느라 피곤하기도 하지.
그렇지만 일단 놀러 가면 모두가 즐겁게 놀고는 '휴가가
좀 더 길었으면' 하고 생각했었어.
아빠는 휴가가 영원했으면 좋겠다고 생각하다가
문득 진지해졌단다.
있거든… 영원한 휴가가…

그건 이 땅의 삶을 마치고 찾아오는 일인데 우리의 삶은
그 영원한 휴가를 어디서 보낼 것이냐를 결정하는 시간이란다.
천사들과 함께 하나님을 온종일 찬양할 수 있는 천국행 휴가를
갈 것인가, 아니면 사탄과 함께 불과 유황 못에 벌레까지
득실거리는 곳에서 괴로운 휴가를 보낼 것인가.

아… 글을 쓰고도 꺼림칙하구나.
아빠는 심지어 어느 영어 교재에서 지옥을 그려본 적도 있지.
대놓고 지옥행을 택할 사람은 아마도 없을 거야.
거기에 대해 어느 정도 안다면 말이지.

오직 내가 그리스도 예수께
잡힌 바 된 그것을 잡으려고 달려가노라
빌 3:12

바울은 "내가 이미 얻었다 함도 아니요 온전히 이루었다
함도 아니라 오직 내가 예수께 잡힌 바 된 그것을 잡으려고
달려가노라"(빌 3:12)라고 자신의 삶을 이야기했어.

우리의 삶은 죽음 뒤의 영원한 휴가를 어떻게 보낼 것인지를
'선택하는 시간'의 연속이란다.

주님 보시기에 올바른 결정을 하기 위해서는 늘 성령 충만
하도록 기도해야 하지. 바울도 그랬던 것처럼 올바른 선택을
하는 것이 늘 쉽지는 않을 거란다. 하지만 그런 때가 온다면
'천국에 못 갈 수도 있다'라고 생각해보렴. 그럼 일상에서
선택해야 할 것이 아주 명확하게 보일 거란다.

꽤 무서운 얘길 한 것 같아 미안하지만, 이런 건 확실하게
해두지 않는 게 더 무서운 일이라서 말이다.
우리 가족은 모두가 함께 천국의 휴가를 누리길 기도한다.

사랑하는 아빠가

"거울아 거울아" 대신

거울을 보면서 내 눈, 코, 입, 귀, 머리부터 발끝까지 다 주님의
것이라고 고백해보렴. 내 것이 아닌 주님의 것이라고
말하는 거야.
나의 모습을 통해 주님의 영광이 드러난다는 것은 이런 고백
에서 시작된다고 생각해.
좀 어려운 말로 '자기부인'이라고 말하기도 하는데 내 마음의
자리에 내가 아닌 예수님이 온전히 앉으시도록 하는 거야.
그러면 내 말과 행동부터 변화되기 시작하고, 나의 것들을
내려놓으면서 예수 그리스도께서 걸어가신 길을 따라갈 수
있게 되는 거야. 예수님을 닮아간다는 건 이렇게 자신을
내려놓으면서 시작된단다.

또, 날마다 거울을 보면서 네 안에 자리하신 예수님께 사랑을
고백해보렴. 우린 사랑하는 이의 모습을 닮아가며
자라가게 되어있거든. 우리 가족이 서로 닮아가는 것처럼.

예수님 닮은 아이들의 아빠가

누구든지 나를 따라오려거든 자기를 부인하고
자기 십자가를 지고 나를 따를 것이니라─

마 16 : 24

버티며 살래, 노래하며 거닐래

주님을 믿지 않는 이들은 하루하루를 '버티며' 살아가지만
주와 함께 걷는 이들에겐 하루하루가 그분의 뜰을 '노래하며'
거니는 시간이란다.
믿지 않는 이들은 문제들을 복잡하게 말하면서 힘들어하지만,
믿는 우리는 오직 주님만을 고백하며 단순하고 소박하게
살아가지.

주님만이 영혼의 중심을 잃지 않도록 이끌어주시고,
주님만이 캄캄한 길을 밝혀 주신단다.
그분의 손을 놓지만 않는다면
마음의 평안과 즐거움을 놓칠 리도 없을 거야.

사랑하는 아빠가

주와 같이 길 가는 것
즐거운 일 아닌가
찬송가 430장

하나님이 우리에게 주신 것은 두려워하는 마음이 아니요
오직 능력과 사랑과 절제하는 마음이니

딤후 1:7

겁내지 마,
이기고 시작하는
싸움이니까

The Father Letters

가장 통쾌한 복수가 어떤 건지 알려줄게

어딘가에서 억울한 일을 당해 화를 내며 "똑같이 복수!"를
외치는 기세로 있을 때는 아빠가 어떻게 잘 얘기해주기가
참 어렵더구나. 자칫하면 아빠가 편들어주지 않는다며
더 화를 내곤 하니 말야. 이럴 땐 편지가 딱 좋은 것 같아.

'악'(惡)과 똑같은 '악'으로 복수한다면 너희는 더 큰 '악'이
돌아오는 걸 수습해야 해.
성경엔 "악에게 지지 말고 선으로 악을 이기라"(롬 12:21)라는
말씀이 있단다. 물론 너희가 선한 편에 있기를 바라며
적을게.
'악'은 어떤 상황에서도 대개 잘 보이고 드러나는 편이라
쉽게 알 수 있는데, '선'(善)은 딱히 어떤 이미지인지 떠오르지
않아서 어떻게 하는 것이 '선으로 악을 이기는' 건지
생각하기 어렵단다.

그런데 미가서 6장 8절에 보면 "사람아 주께서 선한 것이
무엇임을 네게 보이셨나니"라고 적혀 있단다. 하나님은
우리가 그런 걸로 고민하지 않도록 친절하게 다 적어주셨구나.

선한 것이 뭔지 볼까? 그건 하나님께서 우리에게 바라시는
것이기도 한데, "오직 정의를 행하며", "인자(仁慈)를 사랑하며",
겸손하게 네 하나님과 함께 "행하는 것"이라고 적혀 있구나.
쉽게 얘기하면 늘 의롭게 행하고, 사람들에게 친절하게
대하고, 하나님께 순종하며 살라는 의미란다.
'인자'(仁慈)란 자비 또는 무조건적인 사랑을 의미하기도 해.
하나님께서 "맞은 만큼 너도 가서 패라"라고 말씀하지
않으시는 것쯤은 이제 알겠지?

바울이 로마서에서 "선으로 악을 이기라"라고 한 앞 구절에
서도 "원수를 갚지 말고", "원수가 주리거든 먹이고 목마르거든
마시게 하라"라고 적혀 있단다.
나쁜 상대를 만나는 일이 생긴다면 이제 오히려 '인자하게'
그들을 대해보렴. 그게 가장 통쾌한 복수란다! 오죽하면
"그리함으로 네가 숯불을 그(상대의) 머리에 쌓아 놓으리라"
라고 적혀 있겠니(롬 12:20).
이렇게 할 수 있다면 우린 늘 일석이조(一石二鳥)란다.
원수를 시원하게 갚으면서도 예수님을 한 걸음 더 닮아갔으니
말이야.

어두울수록 더욱 빛나는 빛의 자녀들

빛은 어두울수록 밝게 보이지. 하나님께 길을
맡긴 의로운 자의 빛은 '정오의 빛'처럼 어둠을
밝힌단다(시 37:5,6).
보는 이들로 하여금 밤에도 대낮인 듯 느끼게
해 줄 수 있는 빛, 그것이 참된 그리스도인의 빛이지.

> 누구든지 등불을 켜서 그릇으로 덮거나 평상 아래에 두지 아니
> 하고 등경 위에 두나니 이는 들어가는 자들로 그 빛을 보게 하려
> 함이라 눅 8:16

자신의 죄가 드러나는 것이 싫은 사람은 밝은 것이 싫어서
가리고 싶어 하지. 하지만 수백 개의 소쿠리를 동원해 그와
그 빛을 가리려 해도, 다가올 수조차 없을 거야.
어느 시대에나 어두운 위기에는 감출 수 없는 빛을 지닌
그리스도인들이 일어나 믿음의 전통을 더욱 굳건히 세우는
통로의 역할을 해왔단다.

> 여호와 앞에 잠잠하고 참고 기다리라 자기 길이 형통하며 악한
> 꾀를 이루는 자 때문에 불평하지 말지어다 분을 그치고 노를 버

네 의를 빛같이 나타내시며
네 공의를 정오의 빛같이 하시리로다
시 37 : 6

리며 불평하지 말라 오히려 악을 만들 뿐이라 진실로 악을 행하
는 자들은 끊어질 것이나 여호와를 소망하는 자들은 땅을 차지
하리로다 시 37:7-9

그런 자들은 이 말씀처럼 세상에 불평을 토하는 데 전념하지
않고, 온유와 화평 가운데 땅을 차지하며 즐거워할 수 있는
자란다.

그러나 온유한 자들은 땅을 차지하며 풍성한 화평으로 즐거워
하리로다 시 37:11

이 빛은 스스로 발하는 게 아님을 기억하렴.
우리가 주님과 만남으로 예수 그리스도의 빛을 세상에 반사
시켜 비추는 의미란다.

그냥 봐도 반짝반짝한 아들, 딸아.
너희가 이 세상에 그 빛을 비출 때면 아빠도 선글라스가
필요하겠구나.

사랑하는 아빠가 🖋

전투 장비와 전투 방식을 익혀보자

> 내가 주를 의뢰하고 적진으로 달리며 내 하나님을 의지하고 성
> 벽을 뛰어넘나이다 삼하 22:30

다윗은 그의 승전가에서 이런 고백을 했단다.
그가 승리한 비결, 즉 '하나님을 의지'하는 것은 후에 바울이
에베소서 6장에서 자세히 풀어주고 있어.

진리의 허리띠, 의의 호심경, 평안의 복음의 신, 믿음의 방패,
구원의 투구, 성령의 검(엡 6:14-17).
전투에 나갈 때는 늘 이 장비들을 다 장착했는지 나를 돌아
봐야 한단다.
그리고 전투의 방식을 잘 봐두렴.

> 모든 기도와 간구를 하되 항상 성령 안에서 기도하고 이를 위
> 하여 깨어 구하기를 항상 힘쓰며 여러 성도를 위하여 구하라
> 엡 6:19

'성령 안에서', '깨어', '여러 성도를 위하여' 이 단어들을 가슴에
잘 새겨라. 이렇게 나아가는 한 패배할 리 없단다.

하나님의전신갑주를입으라ー
엡6:11

우린 이미 '부활'로 승리하신 예수 그리스도가 깔아놓으신 길로 전진하기 때문이야.
장비를 잘 챙겨서 깨어 기도하는 것이 우리의 임무란다.
그러면 하나님이 우릴 위해 싸우고 승리하신단다.

이 진리로 전신갑주를 입으렴. 믿음의 용사들아!

사랑하는 아빠가 🖋

낮아져도 돼. 아니, 낮아져야 해

아빠는 청년 때 교회에서 전도지를 만들면서 그림과 디자인을
배웠단다. 잘하진 못했지만 그래도 교회에는 서로 모여 그런
일로 복음을 전할 기회가 많았단다.
처음 전도지를 만들어 동네 분들에게 나눠드린 때가 생각나
는구나. 시간이 좀 지나니 아빠가 그린 그림이 온 동네에서
밟히고 있더구나.
그런데 이상하게도 속상하지가 않았어. 오히려 '아, 이게
그리스도인들의 모습일 수도 있겠구나' 깨닫게 되었지.
하늘의 영광을 버리고 이 낮은 땅에 내려오셔서 사람들에게
침 뱉음 당하고, 매 맞고, 십자가를 지신 예수 그리스도를
본받는 우리라면, 전도지가 땅에 떨어져 밟힌다고 화낼 것이
아니더라.

살다 보면 자기를 높이고 인정받고 싶은 때도 있단다.
일단 이 세상은 온통 자신의 가치를 높이는 데
혈안이 되어있는 데다가, 자기가 낮아지는 것이
실패하는 것이라고 말하고 있거든.
그런 데서 살다보니 가끔 높아지고 싶을 때가 있긴 해.

그럴 때 꼭 생각할 말씀이 있단다.

주 앞에서 낮추라 그리하면 주께서 너희를 높이시리라 약 5:10

기본적으로 우리는 죄인이란다. 그걸 하나님 앞에 바로 인정
할 때 주님께 쓰임 받을 수 있지.
하나님께서 '교만을 버리고 낮아진' 우리를 사용하실 때
당연히 우린 높아지게 된단다. 하나님이 최고로 높으신 분이라
어쩔 수 없는 일이지.

사람이 스스로 높아지려고 하면 바벨탑을 지을 뿐이야.
또한 그 교만은 하나님이 가장 싫어하시는 것이란다.
내 안에 스스로 높아지고 싶은 '교만'이 싹트려 한다면 바로
'순종의 낫'으로 베어버릴 수 있는 착실한 주님의 일꾼이
되길 기도한다.

사랑하는 아빠가

주님과 얼굴을 맞대고 볼 날을 기다리며

아빠는 시력이 좋지 않아서 아침에 일어나 안경 없이 너희를
보면 희미하게만 보인단다. 어떤 표정으로 자는지, 웃는지,
찌푸리는지 잘 안 보이지.
이 땅에서 우리는 하나님을 희미하게밖엔 느낄 수 없단다.
마음의 시력이 아무리 좋더라도 크고 광대하신 주님을 인간인
우리가 온전히 볼 수 없지.
하지만 주님이 다시 오실 때는 모든 걸 온전히 알게 되고
얼굴과 얼굴을 대하여 보게 될 거야(고전 13:12).
이 땅은 그 순간을 기다리며 그때 주님의 얼굴이 낯설지
않도록 우리가 그 영광에 합당한 자가 되기를 연습하는 곳이지.

찬송가 '오 놀라운 구세주 예수 내 주'를 지은 크로스비는
눈이 멀어 앞을 보지 못하는 분이었어.
그런데 그는 이렇게 말했단다.
"만약 하나님께서 시력을 주신다고 해도 거절하고 싶어요.
제가 눈을 뜨자마자 보고 싶은 건 천국에서 뵈는 예수님의
얼굴이기 때문이죠."

그 때에는 얼굴과 얼굴을 대하여 볼 것이요

고전 13:12

이 얘기를 듣고 아빠는 시력이 나쁘다고 불평하지 않기로 했어.
오히려 이 문제로 더욱 기도하고 그분과 교제할 수 있음에
감사하게 되었단다.
너희도 얼굴을 맞대고 주님 뵐 날을 설레는 마음으로 기대하며
살아가는 그리스도인이 되길 기도한다.

사랑하는 아빠가

하나님이 우리에게 주신 것은 두려워하는 마음이 아니요
오직 능력과 사랑과 절제하는 마음이니

딤후 1 : 7

사도 바울에게는 '디모데'라는 아들과도 같은 제자가 있었단다.
그와 함께 바울은 오랫동안 전도 여행을 다녔지.

> 하나님이 우리에게 주신 것은 두려워하는 마음이 아니요 오직
> 능력과 사랑과 절제하는 마음이니 딤후 1:7

이 말은 많은 사람들이 사랑하는 구절이란다. 그런데 종종
삶의 문제가 있는 분들이 '이제 하나님이 계셔서 괜찮아질
거니까 두려워할 필요가 없어!'라고 오해하기도 하지.
사실 이 말씀은 바울이 디모데에게 자기 자신과 같이 복음을
위해 고난을 받자고 권면하며 전한 것이란다.

> 그러므로 너는 내가 우리 주를 증언함과 또는 주를 위하여 갇힌
> 자 된 나를 부끄러워하지 말고 오직 하나님의 능력을 따라 복음
> 과 함께 고난을 받으라 딤후 1:8

복음을 믿는다는 많은 이들이 하나님을 단지 위로자로 생각
하며 자기가 세상에서 겪은 고통을 치료해달라 할 때만 하나
님을 부여잡곤 한단다.

하지만 주님이 우리에게 두려움을 거둬주시고 능력과 사랑과 절제를 부어주시는 것은, 우리와 함께 이 땅을 향한 긍휼을 품고 나아가시기 위해서라는 것을 기억하렴.

세상의 사람들 눈치를 보며 두려워할 필요가 없단다.

> 사람을 두려워하면 올무에 걸리게 되거니와 여호와를 의지하는 자는 안전하리라 잠 29:25

두려움이 오더라도 그것은 언제나 '과정'으로 잠깐 허락하실 뿐이란다. 그 '과정'으로 우린 나아갈 길을 성급하지 않게 조심스레 살필 수 있지.

언제나 잠깐 찾아오는 두려움 뒤의 승리를 바라볼 수 있는 아들과 딸이 되길 바란다.

사랑하는 아빠가

파도타기의 스릴을 신나게 즐겨보자

사도 바울은 영원한 생명을 확신했기에 위험과
고난, 그리고 순교 당할 수 있는 상황을
직면하면서 "나는 날마다 죽노라"(고전 15:31)라고
말할 수 있었단다.

그런데 바울의 삶을 보면 고난과 핍박 때문에 힘들고 지친
모습으로 사역한 게 아님을 알 수 있단다.

기쁨과 환희에 찬 모습으로 수많은 이들에게 복음의 확신을
전달했지. 그게 복음의 진정한 모습이고, 예수 그리스도의
부활의 힘이란다.

결론부터 말하자면 그리스도인은 스릴 있는 인생을 살 수밖에
없단다.

"스릴"이라고 하니까 파도타기가 생각나는구나. 자칫하면
익사할 수 있는 위험한 바다에서 서핑보드를 타는 사람의
얼굴은 기쁨과 환희에 젖어있단다. 죽을지도 모른다고
찌푸린 얼굴로 파도를 타고 내려오는 모습은 본 적이 없구나.

두려움을 훨씬 넘어선 기쁜 일! 목숨을 건 스릴 있는 모험이
바로 우리의 삶이란다.

나는 날마다 죽노라一

고전 15:31

"나는 날마다 파도 타노라"

아빠는 이렇게 외치고 싶구나.

얘들아, 너희 앞에 어떤 파도가 와도 용기를 내렴.

사랑하는 아빠가

이 모든 일에 욥이 입술로 범죄하지 아니하니라
욥 2:10

사탄이 던진 공으로 홈런 한 방 먹여주자

아빠 아는 사람 중에 어느 날 그의 동생이 집에 와서는 형네
에어컨과 TV, 냉장고를 싹 팔아버린 일이 있단다. 게다가
그것들은 원룸에 달려 있던 거라서 형이 새로 사놓고 나와야
했지. 아무리 동생이지만 형이 얼마나 화나고 괘씸했겠니.
사탄은 하나님께 이와는 비교도 안 되게 더 나쁜 짓을 했단다.
뱀으로 위장해 하나님이 소중히 여기시는 인간의 영혼을
죄에 팔아버린 짓이지(창 3장). 이 후로 인간은 사탄이
던져대는 죄와 유혹에 시달려야 했단다.

사탄이 던지는 죄의 볼은 우리의 힘만으론 도저히 쳐낼 수
없어. 그래서 하나님은 예수 그리스도로 이 땅에 내려오셔서
그 죗값을 치르고 우리 영혼을 다시 회복시키신 거란다.
하나님이 값을 치르신 은혜로 우리가 겸손하게 주님 안에
거한다면 그들이 던지는 볼은 이제 홈런볼이나 다름없지.
이제 너희가 죄와 유혹을 물리쳐서 사탄에게 한 방 먹이렴!
아마도 사탄이 다음에 또 볼을 던지러 올 때는 두려움에
살짝 떨고 있을 거다.

홈런 타자들의 아빠가

함께 항해하는 소중한 동역자들

아빠는 자주 동네 산을 다니며 운동하는데, 스쳐가는 사람들 중에 기도를 읊조리면서 운동하시는 분들이 정말 많단다. 그럴 때면 '믿음의 동료'가 여기저기 많이 있음에 아빠도 감사기도를 드리며 힘차게 걷곤 하지.

아빠가 지금 하나님이 주신 일을 하며 기쁘게 살아갈 수 있음에는 믿음의 동역자들의 도움이 컸단다. "멀리 떨어져 있어도 너를 믿음의 동역자로 생각해!"라며 목사가 된 친구, "절대 포기하지 마"라고 응원해준 학교 선배 등 감사한 분들이 참 많아. 그런 의미에서 우리 삶은 넓은 바다 위에서 믿음의 항해를 하는 배와도 같단다. 여러 동료들이 모여 성령의 순풍에 돛을 펴고 나아가는 배 말이야.

혼자서 큰 배를 모는 건 무리란다. 조타를 예수님께 맡기고 서로 힘차게 도와가며 파도를 이겨나가렴. 서로 간에 절제의 마음을 갖고, 한마음으로 동역해 나아간다면 하나님은 광풍도 고요하게 하시고 물결도 잔잔하게 하셔서 (시 107:29) 너희가 평온히 기뻐하는 중에 소원의 항구로

그들이 평온함으로 말미암아 기뻐하는 중에
여호와께서 그들이 바라는 항구로 인도하시는도다
시107:30

인도하실 거란다(시 107:30).

어려움이 닥칠 때, 커다란 풍랑이 일 때 합심하여
주께 부르짖으렴. 함께 기도할 수 있는 동역자는
험한 바다 위에서 나의 목숨과도 같이 중요한
이들이란다.
그런 멋진 친구들이 많아지기를 아빠는 늘 기도할게. 그리고
너희가 다른 이들에게도 그런 친구가 되어주기를 위해서도
말이다.

해적선이 다가오다가도 너희 깃발을 보면 벌벌 떨며 도망갈
만큼 강한 배가 되기를.

사랑하는 아빠가

하나님이 기뻐하시는 진짜 금식

많은 이들이 기도제목을 두고 금식을 하며 간절한 기도를
드린단다. 아픈 곳이 있거나, 나라를 두고 기도하거나 말이다.
그런데 아빠는 이사야 58장을 읽다가 금식에 대해 아주
중요한 것을 배웠단다. 나중에 너희도 중요한 일을 두고
금식을 할 수 있으니 미리 알아두렴.
하나님은 직접 '내가 기뻐하는 금식'에 관해 설명하셔.
잘 읽어보렴.

> 흉악의 결박을 풀어주며 멍에의 줄을 끌러 주며 압제 당하는 자
> 를 자유하게 하며 모든 멍에를 꺾는 것이 아니겠느냐 또 주린 자
> 에게 네 양식을 나누어 주며 유리하는 빈민을 집에 들이며 헐벗
> 은 자를 보면 입히며 또 네 골육을 피하여 스스로 숨지 아니하는
> 것이 아니겠느냐 사 58:6,7

무슨 얘기일까? 내가 안 먹는 게 문제가 아닌 것 같지
않니? 그냥 끼니를 거르는 게 아니라, 가난한 자와
핍박당하는 자와 가족을 돌보고, 내 음식을 나눠
주며, 옷을 입혀주는 일 같은 게 참된 금식이라는 거야.

서로 사랑하라
내가 너희를 사랑한 것같이
너희도 서로 사랑하라

요 13 : 34

기도할 제목이 있니?

큰 문제가 닥쳐오고 있는 것 같니?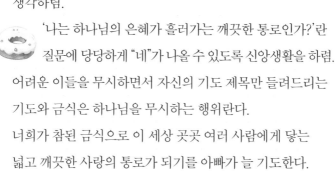

우선 너희가 그리스도인으로서 정결한지를 살피고,

주님께 받은 사랑과 은혜를 주변에 온전히 나눠주고 있는지를

생각하렴.

　　'나는 하나님의 은혜가 흘러가는 깨끗한 통로인가?'란

　　질문에 당당하게 "네"가 나올 수 있도록 신앙생활을 하렴.

어려운 이들을 무시하면서 자신의 기도 제목만 들려드리는

기도와 금식은 하나님을 무시하는 행위란다.

너희가 참된 금식으로 이 세상 곳곳 여러 사람에게 닿는

넓고 깨끗한 사랑의 통로가 되기를 아빠가 늘 기도한다.

 사랑하는 아빠가

이것을 너희에게 이르는것은
너희로 내안에서 평안을 누리게 하려 함이라
세상에서는 너희가 환난을 당하나
담대하라 내가 세상을 이기었노라

요 16 : 33

이미 이겼으니까 마음 편히 경기하자

운동선수는 힘든 경기 중이지만 이길 수 있다는 믿음으로
그 모든 걸 버텨낼 수 있단다. 권투선수, 축구선수, 달리기선수,
수영선수… 모두가 승리를 얻기 위해 힘든 훈련과 치열한
경기 시간을 치러내는 것이지. 이길 수 있다는 믿음을 갖고 말야.

그런데 우리 그리스도인은 '이길 수 있다는 믿음'이 아니라
'이미 이겼다는 확신'을 갖고 살아가는 자들이란다.

예수님은 십자가에 달리시기 전 이렇게 얘기하셨어.
"내가 세상을 이기었노라"(요 16:33).
예수님이 십자가에 달리심으로, 우리를 하나님과 떼어놓으
려는 사탄의 권세를 단번에 무너뜨리셔서 우리는 하나님과
영원한 사랑 안에 살 수 있게 되었고, '이미 이긴 확신'이
있기에 세상의 어떤 시련이 와도 평안할 수 있는 거란다.

이미 이겼으니까 이제 '삶'이라는 경기에 더욱 평안하게
임하렴. 이겼으니까!

사랑하는 아빠가

최선의 방어이자 최고의 공격은

아빠는 너희가 세상과 싸워 나아가며 굳건히 하나님을 신뢰
하기를 바란다.

> 여호와여 주는 의인에게 복을 주시고 방패로 함같이 은혜로 그
> 를 호위하시리이다 시 5:12

다윗은 아무리 어려운 상황에서도 결국은 하나님의 구원하
심을 인정하고 확신하며, 그로 인한 기쁨의 찬양을 드렸단다.
골리앗을 무너뜨릴 때의 어린 다윗을 생각해보렴.
하나님을 향한 믿음은 나를 보호하는 최선의 방어이자
세상으로 던지는 최고의 공격이란다.

그러니까 가장 강한 공격은 주님을 올바로 '믿는' 것이지.
믿음의 방패에서 벗어나 돌아다니면 쉽게 사탄의 표적이
될 거야. 그러니 주님만을 의지하며 굳세게 믿으렴!

사랑하는 아빠가 🖋

여호와여 주는 의인에게
복을 주시고 방패로 함같이
은혜로 그를 호위하시리이다

시 5:12

그런즉 너희는 하나님께 복종할지어다
마귀를 대적하라 그리하면 너희를 피하리라
약 4 : 7

네가 막 싸워 이기는 게 아니야

하나님은 우리의 영혼을 가장 사랑하신단다.
반면 사탄은 우리 영혼과 하나님 사이를 끊어 놓는 일을
가장 좋아하지.
그러다 보니 그리스도인과 세상의 권세는 늘 결투하는 모습이
될 수밖에 없단다.
종종 사이좋은 게 최고인 것처럼, 친하게 지내면 그만이라고
세상은 우릴 설득하지만 그건 우리가 방심하게 하려는 작전
이란다.

하나님은 "그런즉 누구든지 세상과 벗이 되고자 하는 자는
스스로 하나님과 원수 되는 것"이라고 말씀하시며 "마귀를
대적하라"라고 명령하시지(약 4:7).

싸움을 못 한다고 두려워할 필요는 없단다.
우리의 싸움 방식 또한 이미 알려주셨단다.
'하나님을 가까이' 하고, 죄인 된 우리가 '손을 깨끗이' 하며
세상과 벗하려는 두 마음을 품지 말고 '마음을 성결하게'
하는 것이야.

그러면 사탄은 제대로 싸우려고 하지도 못하고 너희를 피할
거다(약 4:7).
너희가 두려워할 것은 이 세상이 아니라 오직 하나님 한 분
뿐이지. 다른 어떤 것도 누구도 아닌 하나님만 두려워하는
사람을 이 세상은 제일 두려워한단다.

직접 싸워서 승리를 얻는 게 아니란다. 이미 승리하신 분의
손을 잡는 것뿐.

사랑하는 아빠가

엄마의 기도

독수리가 날아오르듯 하나님을 앙망하며 도전하렴

매일 새로운 것을 배우다 보면
힘에 부치거나 지식이 부족해 포기하고 싶을 때가 있지.
이제 막 학교에 들어간 동생도 그렇지만,
한 학년씩 올라가면서 그런 일들은 점점 많아진단다.
하지만 겁먹을 일이 전혀 없단다.
우리의 힘과 능력은 위로부터 온다는 걸 기억하면 돼.

피곤한 자에게는 능력을 주시며
무능한 자에게는 힘을 더하시는(사 40:29) 하나님은
피곤하지도 곤비하지도 않으신 데다가
명철이 한이 없으신 분이란다(사 40:28).
에너지 넘치는 소년이라도 피곤해하고,
혈기 넘치는 청년도 넘어지지만(사 40:30)
오직 여호와를 앙망하는 너희는 새 힘을 얻게 될 거야.

하나님의 능력은 세상 그 어떤 힘과도 비교될 수 없어.
그런 능력으로 독수리처럼 날아오르는 거란다.

오직
여호와를
앙망하는 자는
독수리가 날개치며
올라감같을 것이요
달음박질하여도 곤비하지 아니하겠고
걸어가도 피곤하지 아니하리로다

사 40 : 31

너희가 할 것은
결국 하나님이 그분의 시간에 뜻을 이루실 것을 인정하고,
인내와 소망을 갖고 지금을 살아가는 거야.

'앙망'이란 그런 믿음의 태도를 얘기해.
그 귀한 자세를 잃지 말고 오늘도 최선을 다하렴.

아… 이 글을 쓰자마자 피곤하다고 말해버린 아빠가

아빠는 너희를 만나고 하나님의 마음을 좀
더 헤아릴 수 있게 되었단다. 하나님이 우리
를 얼마나 사랑하시길래 독생자를 보내셔서
죽게 하셨는지 조금은 더 알게 되었지.

요한일서 4장을 읽다 보니 그렇게 깨달을
수 있게 한 것이 바로 '사랑'이라는 것을 알 수 있었단다.
아빠가 너희를 사랑하는 만큼 하나님의 사랑을 느낄 수 있었던
거야. 너희가 서로 사랑하며 살아가는 만큼 하나님의
사랑이 너희 안에 거하게 된단다.

가끔은 서로 싸우고 서로가 잘못했다며 고자질하고 싶을
때가 있지? 그런 마음이 들 때는 하나님이 이 땅에 하나뿐인
아들을 보내신 일을 꼭 생각해보렴. 그럼 너희 서로만이
아닌 세상의 어떤 사람도 사랑할 수 있단다.
우리의 마음에 사랑이 차오르게 되면, 보너스 선물도 있단다.
'두려움'이 없어진다는 거야.

두려움에 빠진 사람들은 다른 누군가를 비방하거나,
공격하기도 해. 욕하거나 폭력을 휘두르는 일도 사실은
두려움에서 시작하지.
그래서 이 세상에는 바로 '사랑'이 필요한 거야.
사랑이 두려움을 다 쫓아내 줄 테니까.

너희들이 살아가는 세대가 이렇게 사랑이 가득해지기를
아빠는 기도한단다. 아빠만이겠니.

너희를 사랑하는 아빠가

얘들아, 아빠가 꼭 들려주고 싶은 이야기가 있단다

초판 1쇄 발행   2020년 11월 30일
초판 2쇄 발행   2020년 12월 29일

지은이   이무현

펴낸이   여진구
책임편집   최현수
편집   이영주 정선경 안수경 최은정 김아진 정아혜
책임디자인   .조아라 | 마영애 노지현 조은혜
기획·홍보   김영하   해외저작권   기은혜
마케팅   김상순 강성민 허병용   마케팅지원   최영배 정나영
제작   조영석 정도봉   경영지원   김혜경 김경희

303비전성경암송학교 유니게과정 박정숙 최경식
이슬비전도학교 / 303비전성경암송학교 / 303비전꿈나무장학회   여운학

펴낸곳   규장

주소   06770 서울시 서초구 매헌로 16길 20(양재2동) 규장선교센터
전화   02)578-0003   팩스   02)578-7332
이메일   kyujang0691@gmail.com   홈페이지   www.kyujang.com
페이스북   facebook.com/kyujangbook   인스타그램   instagram.com/kyujang_com
카카오스토리   story.kakao.com/kyujangbook
등록일   1978.8.14. 제1-22

ⓒ 저자와의 협약 아래 인지는 생략되었습니다.
이 출판물은 저작권법에 의해 보호를 받는 저작물이므로 무단 전재와 무단 복제를 할 수 없습니다.

책값   뒤표지에 있습니다.
ISBN 979-11-6504-151-9 03230

이 도서의 국립중앙도서관 출판시도서목록(CIP)은 서지정보유통지원시스템 홈페이지(http://seoji.nl.go.kr)와
국가자료종합목록구축시스템(http://www.nl.go.kr/kolisnet)에서 이용하실 수 있습니다.
(CIP제어번호 : CIP2020049903)

규 | 장 | 수 | 칙

1. 기도로 기획하고 기도로 제작한다.
2. 오직 그리스도의 성품을 사모하는 독자가 원하고 필요로 하는 책만을 출판한다.
3. 한 활자 한 문장에 온 정성을 쏟는다.
4. 성실과 정확을 생명으로 삼고 일한다.
5. 긍정적이며 적극적인 신앙과 신행일치에의 안내자의 사명을 다한다.
6. 충고와 조언을 항상 감사로 경청한다.
7. 지상목표는 문서선교에 있다.

하나님을 사랑하는 자 곧 그의 뜻대로 부르심을 입은 자들에게는 모든 것이 合力하여 善을 이루느니라(롬 8:28)

Member of the
Evangelical Christian
Publishers Association

규장은 문서를 통해 복음전파와 신앙교육에 주력하는 국제적 출판사들의
협의체인 복음주의출판협회(E.C.P.A:Evangelical Christian Publishers
Association)의 출판정신에 동참하는 회원(Associate Member)입니다.